KB037497

고전 명언의
넓고 깊은 생각

고전 명언의 넓고 깊은 생각

/ 고전 명언으로 배우는 인생 지략 /

김옥림 지음

팬덤북스

Contents

Contents

Contents

프롤로그

고전 명언으로 배우는 인생 지략

사람은 책을 만들고, 책은 사람을 만든다.'

책과 사람은 떼려야 뗄 수 없는 분신과도 같은 밀접한 관계임을 알게 하는 말이다. 무생물인 책과 생물인 사람이 하나로 통하면 책은 책으로서 가치를 지니고, 사람도 자신의 가치를 한껏 드러낼 기회를 갖는다. 다시 말해 원하는 삶을 추구함에 있어 축적된 지식과 지혜가 큰 역할을 한다는 말이다.

제도권인 학교에서의 교육은 다소 의무적이고, 제한된 틀 안에서 학력 향상을 이루기 위한 공부이다. 책은 다양한 분야의 지식과 지혜를 자유롭게 습득할 기회를 갖게 하는 '지식과 지혜의 매개체'이다. 매개체인 책을 통해 자신만의 사상과 철학을 확립시킬 수 있다.

동서고금을 막론하고 문학, 철학, 교육, 음악, 미술 등에서 확고한 자기만의 세계를 이룬 사람들이 많다. 특히 문학과 철학 분야만 보더라도 여실히 증명된다. 그들의 공통점은 바로 '책'을 매개로 자기만의 문학, 자기만의 사상과 철학을 확립한 것이다.

이런 관점에서 동양 고전을 통해 만나는 고전 명언은 살아 있는 지식과 지혜의 집합체이다. 고전 명언은 비록 짧은 경구지만, 다양한 인간의 세계와 철학과 사상, 삶이 고스란히 녹아 흐르고 있다. 고전 명언 하나하나에는 어떻게 생겨났는지에 대한 유래가 담겨 있기 마련이다.

《고전 명언의 넓고 깊은 생각》을 읽다 보면 고전 명언에 얽혀 있는 사상가와 철학자, 시인, 문인, 왕후장상은 물론 일반 서민에 이르기까지 아주 다양한 인간군을 만날 수 있다. 비록 고전 명언을 통해 만나지만 각자의 숨결을 곁에서 느끼듯이 아주 생생하고 생동감이 넘친다. 마치 옆에서 자신의 삶과 생각을 나긋나긋 전해 주는 것 같다. 어떨 때는 엄숙하고 경건하게, 어떨 때는 흥미롭게, 어떨 때는 격려하고 타이르기도 한다. 고전 명언을 하나씩 깨칠 때마다 '앎'에 대한 희열을 느끼게 되어 뿌듯한 자신감이 생긴다.

이 책은 지금껏 전해져 오는 고전 명언들을 크게 네 가지로 분류하여 독자들이 좀 더 객관적이고 실체적으로 받아들이고 생각의 외연을 보다 확대하도록 하였다. 첫째, 마음의 근육을 키우기에 좋은 명언. 둘째, 삶을 풍부하게 해주는 실용적인 명언. 셋째, 창의적이고 생산적인 삶을 이끌어 주는 명언. 넷째, 자신을 살피고 경계하여 올곧은 삶을 지향하게 해주는 명언 등으로 구성하였다. 책에 실린 고전 명언을 꼼꼼히 살펴 읽고 마음과 머리에 담아 둔다면 자신을 충분히 혁신시킴은 물론, 언제 어디서 누구를 만나더라도 위축되지 않고 본인의 생각을 자신감 있고 확고하게 전하는 데 큰 도움이 되리라 믿는다.

《고전 명언의 넓고 깊은 생각》을 쓰는 동안 수많은 선현들과 때로는 소곤소곤 이야기를 나누기도 하고, 때로는 웃음을 지으면서 이야기를 나누었다. 때로는 밤을 새면서 정담을 나누며 유쾌한 시간을 보내었다. 독자들도 필자가 경험했던 성찰의 기쁨을 누리고 지금보다 나은 세계로 나아가기를 소망한다.

001

간과 쓸개를 꺼내 서로 보이다

간담상조
肝膽相照

간**간** 쓸개**담** 서로**상** 비칠**조**

서로의 마음을 터놓고 격의 없이
친하게 사귀는 것을 일컫는다.

출전 한유韓愈의 〈유자후묘지명柳子厚墓誌銘〉

세상을 살아가는 누군가에게 영향을 끼치는 대상으로 첫째는 부모이며, 둘째는 스승, 셋째는 친구, 넷째는 직장 선배와 동료, 다섯째는 책이라 꼽을 수 있다. 그중 친구는 또 다른 자신이라고 할 만큼 인생에 미치는 영향이 크다.

비록 절친한 친구끼리라도 벽이 가로놓이면 원수처럼 변할 수 있다. 신문이나 방송, 주변 사람들을 보면 돈 문제로 친구를 죽이는 경우를 본다. 그럴 때는 삶 자체에 회의가 느껴지기도 한다. 의리를 바탕으로 따뜻하고 깊은 우정을 아름답게 이어 가야 서로에게 빛과 소금과 같은 존재가 된다. 그러기 위해서는 서로 솔직 담백하고 흉허물이 없어야 한다.

'간담상조'라는 말이 있다. 간과 쓸개, 즉 속을 모두 보일 만큼 서로의 마음을 터놓고 격의 없이 친하게 사귀는 것을 일컫는다.

당송 팔대가 중 한 사람인 당나라의 문인 유종원이 유주 자사로 발령이 났다. 그의 절친한 친구인 유우석도 좌천되어 파주 자사로 발령이 났다. 파주는 멀리 떨어진 척박한 고장이었다. 여든이 넘은 노모를 모시고 있는 유우석은 곤란한 상황에 처하게 되었다. 이런 사정을 알게 된 유종원은 눈물을 흘리며 말했다.

"친구가 힘들어하는 모습을 차마 볼 수가 없구나. 조정에 상소를 올려 내가 갈 유주 자사와 그가 갈 파주 자사를 서로 바꾸도록 간청해야겠다. 이 일로 내가 죄를 얻어 죽는다고 해도 원망하지 않을 것이다."

마침 유우석의 사정을 황제에게 아뢴 사람이 있어 유우석은 연주 자사로 가게 되었다.

역시나 당송 팔대가 중 한 사람인 한유가 〈유자후묘지명〉에 기록하여 유종원의 참다운 우정과 의리를 기리었다.

"선비는 어려운 일에 처해야 비로소 절개와 의리를 드러낸다. 사람들은 평소 함께 지내면서 서로 그리워하고 좋아하며 먹고 마시고 억지웃음을 짓는다. 서로 겸손을 떨고, 손을 잡으며, 간담을 보여 주고, 하늘의 해를 가리키며 눈물을 흘려 가면서 배반하지 말자고 맹세를 한다. 하지만 일단 털끝만큼의 이해관계만 얽혀도 서로 모르는 체 반목한다. 함정에 빠지면 손을 뻗어 구해 주기는커녕 구덩이 속에 밀어 넣고 돌까지 던지는 사람마저 있다."

의리를 헌신짝 버리듯 하는 사람들에 대한 날카로운 충고이다. 이해관계가 둘 사이에 놓이면 서로 감싸 주기는커녕 상처를 주고 곤경에 빠트리는 짓을 예사로 하는 경우가 많다. 예나 지금이나 크게 다를 바가 없으니, 인간이란 어리석음과 모순의 덩어리라고 하겠다.

참다운 우정이란 좋을 때나 곤란할 때나, 슬프고 외로운 경우에나 변함이 없어야 한다. 그래야 진정한 친구라고 할 수 있다.

002

개나 말이 주인을 위해 일하다

견마지로
犬馬之勞

개 **견** 말 **마** 갈 **지** 수고로울 **로**

주인이나 타인을 위해 힘써 일하는 것을 겸손하게 이르는 말이다.

출전 《사기史記》 〈소상국세가蕭相國世家〉

자신의 일에 최선을 다하는 사람의 모습은 한 송이 백합보다도 아름답다. 열정과 노력이 보는 사람의 마음을 흐뭇하게 한다. 특히 누군가를 위해 열정을 바치며 수고를 아끼지 않는 사람을 보면 무척 믿음직해 보인다. 그런 사람이 곁에 있다면 하나도 두려울 것이 없고, 뭐든지 잘해 낼 자신감마저 든다.

무엇이든 열심히 하는 사람은 긍정적인 삶의 자세가 잘 갖추어져 있다. 매사를 긍정적으로 생각하고 행동한다. 마음속에 있는 긍정의 에너지가 강하게 작동하기 때문이다. 이런 사람은 어디를 가든 필요로 하고 환영받는다. 열심히 최선을 다하는 자세는 자신을 확실하게 각인하는 좋은 방법이다.

한 고조 유방이 항우를 이기고 천하를 평정하자, 소하를 차후로 봉하고 가장 많은 영지를 주며 말했다.

"우리가 항우를 무찌르고 천하를 평정한 바, 가장 큰 공은 소하에게 있다."

공신들은 불만이 가득한 목소리로 투덜거렸다.

"신들은 갑옷을 입고 날카로운 무기를 들어, 많은 이는 백여 번이 넘게 싸웠으며, 적은 이는 수십 번 넘게 싸웠습니다. 소하는 한 번도 견마지로를 다한 적이 없습니다."

유방은 신료들을 지그시 바라본 다음 이렇게 말했다.

"사냥에서 토끼를 쫓아가 죽이는 것은 사냥개지만, 결국 사람이 개의 줄을 놓아 짐승을 잡으라고 시킨다. 지금 그대들의 공은 짐승을 잡은 사냥개와 같다. 소하의 공은 개를 시켜 짐승을 잡게 한 사람과 같다."

유방이 말하는, 사냥개를 다루는 사람은 바로 책사를 의미한다. 무장들은 칼과 창으로 적과 전투를 벌이나, 책사는 전투의 모든 전략을 세우고 나라의 대소사를 관장하는 지략가이다. 책사의 계책에 따라 전쟁에서의 승패가 달려 있고, 나라의 존망이 달려 있다. 한 사람의 뛰어난 책사는 손 하나 까딱 안 하고 수십만 대군을 몰살할 수도 있다.

유방이 항우를 이기고 천하를 평정한 배경에는 장량과 소하 같은 뛰어난 책사가 있었다. 장수들은 소하가 책사로서 얼마나 중요한 역할을 했는지 몰랐다. 힘을 쓰는 사람의 눈에는 힘쓰는 것만 보이는 법이다. 정작 중요한 것은 머리에서 나온다. 머리에서 나오는 계책과 힘이 만나 조화롭게 작용해야 보다 큰 힘을 발휘한다. 소하는 계책을 내느라 많은 연구와 고심을 했다. 그 역시 직무를 성공적으로 이끌어 내기 위해 견마지로를 다한 것이다.

훗날 소하는 집과 밭을 외진 곳에 마련하였다. 아무도 탐내지 않는 땅을 사들인 소하 덕분에 자손들이 화를 당하지 않고 오랫동안 지켰다고 한다.

견마지로와 비슷한 말로는 말이 달려 수고를 다한다는 '한마지로汗馬之勞'가 있다.

003

풀을 묶어 은혜를 갚다

결초보은
結草報恩

맺을 **결** 풀 **초** 갚을 **보** 은혜 **은**

죽어서도 잊지 않고
은혜를 갚는다는 뜻이다.

출전 《춘추좌씨전春秋左氏傳》 〈선공십오년宣公十五年〉

살다 보면 은혜를 입기도 하고, 은혜를 베풀기도 한다. 특히 은혜를 베푸는 행동은 자신에게도 감사하는 보람된 일이다. 그걸 알면서도 은혜 베풀기를 실행하기란 쉽지 않다. 은혜를 베풀기는 사랑을 주는 것과도 같은데, 끝없이 사랑을 주기가 쉽지 않은 까닭이다. 마찬가지로 은혜를 입고도 갚지 않는 경우도 많다. 당연하다고 여기는 사람들을 심심찮게 본다. 온당한 행동이 아니다. 은혜를 입었으면 갚는 것이 도리이다.

춘추 전국 시대 당시 진晉나라의 위무자라는 사람에게 애첩이 있었다. 어느 날 위무자가 병으로 몸져눕자 아들 위과를 불러 말했다.

"내가 죽으면 저 사람이 다른 사람과 결혼하도록 해라."

그 후 병이 심하여 정신이 혼미해진 위무자는 아들 위과에게 고쳐 말했다.

"내가 죽으면 저 사람을 나와 함께 묻도록 해라."

위무자가 죽자 아들 위과는 첫 번째 말씀을 따라 아버지의 첩을 재가시켜 순장을 면하게 하였다.

어느 날 진晉나라와 진秦나라 사이에 전쟁이 일어났다. 위과는 왕명을 받들고 전쟁에 나갔다. 위과는 진秦나라 장수 두회와 싸우다가 위험한 지경에 놓였다. 그때 두회가 탄 말이 누군가 묶어 놓은 풀에 걸려 넘어지고 말았다. 그 틈을 타 위과는 두회를 사로잡아 뜻밖의 공을 세우게 되었다. 그날 밤 위과의 꿈에 한 노인이 나타나 말했다.

"나는 당신이 재가시켜 준 여인의 아비올시다. 당신은 아버님이 바른 정신일 때의 유언에 따라 내 딸을 재가시켜 주었소. 그래서 당신에게 은혜를 갚은 것이라오."

노인은 은혜를 갚기 위해 풀을 엮어서 두회가 탄 말이 넘어지게 했던 것이다.

은혜를 베풀고 은혜를 갚은 이야기이다. 아름다운 동화를 보는 듯하다. 오늘을 살아가는 우리들에게 뜻하는 바가 크다.

위과는 아버지의 유언을 듣고 생각이 복잡했을 것이다. 아버지 유언을 따르자니 첩에 대한 도리가 아니고, 아버지의 유언을 어기자니 불효처럼 느껴졌을 것이다. 위과는 비록 아버지의 유언을 어겼지만, 인간의 도리를 택함으로써 응당한 대가를 받았다. 사람이 사람인 까닭은 '인간의 도리'를 아는 존재이기 때문이다.

결초보은과 비슷한 의미를 가진 고사 성어로는 죽어서도 은혜를 갚는다는 '백골난망白骨難忘'과 뼛속 깊이 새겨 은혜를 잊지 않겠다는 '각골난망刻骨難忘'이 있다.

004

제 몸을 괴롭히면서까지 적을 속이려는 계책

고육지계
苦肉之計

괴로울 **고** 고기 **육** 갈 **지** 꾀할 **계**

어쩔 수 없이 손해를 각오하고 실행하는 계책을 말한다.

출전《삼국지연의三國志演義》

살아가다 보면 이러지도 저러지도 못하는 경우가 가끔 있다. 말 그대로 진퇴양난인 심정은 겪어 보지 않고는 모른다. 그야말로 지푸라기라도 잡고 싶은 심정이 된다. 그렇다고 하늘만 쳐다보며 한숨만 쉬다가는 아무것도 달라지지 않는다. 돌파구를 찾아야 한다.

전쟁에서도 축구에서도 공격만이 최고의 방어라는 말이 있다. 위기를 극복하기 위해서는 공격이 최선의 수단이다. 어려움에서 벗어나려면 자신을 고통스럽게 해서라도 방법을 강구해야 한다. '고육지계'라도 써야 하는 것이다.

주유는 삼국 시대 오나라의 장수로 지혜와 외모가 매우 출중했다. 어느 날 조조는 오나라를 공략하기 위해 장강에 수십만 대군을 배치했다. 그 유명한 적벽대전의 전초전이었다. 도저히 승산이 없다고 생각한 주유는 궁여지책으로 화공 작전을 세웠다. 주유는 늙은 장수 황개와 머리를 맞대고는 거짓 항복을 하는 계략을 쓰기로 계획했다.

주유를 비롯해 황개와 장수들이 한자리에 모였다. 황개는 각본대로 주유에게 말했다.

"도저히 조조의 대군을 이길 수 없습니다. 소장의 생각으로는 항복하는 편이 좋겠습니다."

황개의 말이 끝나자마자 주유가 큰 소리로 말했다.

"무슨 말도 되지 않는 소리인가. 저 자를 매우 쳐라!"

황개는 형틀에 매달려 살이 터지고 피가 솟도록 곤장을 맞았다. 주유의 심정은 찢어질 듯 아팠지만, 난국을 타계하기 위한 어쩔 수 없는 선택이어서 안타까이 바라봐야만 했다.

소식을 전해 들은 촉나라의 제갈량은 의미심장한 미소를 지으며 말했다.

“자신의 몸에 고통을 가하는 고육의 계책을 쓰지 않고는 조조를 속일 수 없겠지.”

황개는 심복을 시켜 거짓 항복 편지를 조조에게 전했다. 편지를 읽은 조조는 조금도 의심하지 않았다. 오나라에 가 있는 첩자들이 보낸 내용과 일치했기 때문이다.

귀순을 가장한 황개는 조조를 향해 장강을 건너갔다. 그때 인화물을 실은 오나라의 배들이 나타나 조조 군의 선단에 불화살을 쏘아 댔다. 손쓸 겨를도 없이 조조는 대패하고 말았다. 이로써 주유의 고육지계는 성공했고, 오나라는 위나라에 대승을 거뒀다.

오나라는 진퇴양난의 상황에서 고육지계를 택해 승리자가 되었다. 주유의 절묘한 계략과 계략을 희생정신으로 승화시킨 황개가 뜻을 함께했기에 가능했다.

005

학문을 굽혀 세상에 아첨하다

곡학아세 曲學阿世

구부릴 **곡** 배울 **학** 아부할 **아** 세상 **세**

정도를 벗어난 학문으로 권력에 아부하여 출세하려는 태도나 행동을 의미한다.

출전《사기史記》〈유림열전儒林列傳〉

학문은 모름지기 이미 알고 있는 사실이나 알지 못하는 것들을 연구하여 사람들과 사회 발전에 도움을 주는 데 목적이 있다. 따라서 학자는 자신이 배운 바를 실행하는 학행일치學行一致의 본을 보여야 한다.

그런데 배운 바를 출세를 위해 악용하는 학자들을 종종 본다. 권력에 빌붙어 사실에서 벗어난 논리로 돕거나, 학문을 팔아 부를 축적하거나, 연구생이나 조교에게 지급될 돈을 유용하는 등 물의를 일으키는 일을 예사로 한다. 학문을 연구하는 자의 자세에서 벗어난 매우 그릇된 행태가 아닐 수 없다.

'곡학아세'라는 말이 있다. 학문을 바르게 펴지 않고 왜곡하여 세상에 아부하거나 출세하려는 행동을 가리킨다.

전한 시대에 원고생이라는 사람이 있었다. 그는《시경》에 정통해서 효경제 때 박사가 되었다. 원고생은 성품이 강직해 어떤 사람도 두려워하지 않고 직언도 마다하지 않았다.

어느 날 노자의 글을 좋아하던 효경제의 어머니 두태후가 원고생을 불렀다. 두태후는 원고생에게 노자의 글에 대해 물었다.

"그대는 노자의 글에 대해 어떻게 생각하시오?"

"노자의 글은 그저 하인들의 말일 뿐이라고 생각합니다."

"무엇이라? 하인들의 말이라고?"

두태후는 격노해서 그에게 돼지 우리에 가서 돼지나 잡게 했다. 얼마 후 효경제는 원고생이 정직하고 청렴한 사람이라 여겨 태부로 임명하였다. 오랜 세월이 흐른 뒤 그는 병으로 벼슬을 그만두었다.

무제가 즉위해 원고생을 불렀으나, 아첨하는 선비들이 헐뜯으며 늙었다고 말해 돌려보냈다. 원고생은 이미 아흔이 넘은 나이였다. 당시 소장 학자 공손홍도 부름을 받았는데, 곁눈질을 하며 원고생을 못마땅한 눈초리로 바라보곤 하였다. 원고생이 공손홍에게 말했다.

"힘써 학문을 바르게 하여 세상에 옳은 말을 하고, 학문을 굽혀 세상에 아부하는 일이 없도록 하시게."

원고생이 공손홍에게 충고한 말에서 학문을 굽혀 세상에 아부한다는 곡학아세가 유래되었다.

학문은 바르고 옳은 삶을 살아가도록 하는 빛과 같다. 하물며 어떤 이들은 학문을 팔아 출세를 하려는 데 혈안이 되어 있다. 그들은 학자가 아니라 학문을 파는 사이비에 불과하다 하겠다.

006 지나침은 미치지 못함과 같다

과유불급
過猶不及

지나칠 **과** 같을 **유** 아니 **불** 미칠 **급**

정도가 지나치면 오히려 모자람만
못하다는 의미로,
중용을 강조한 말이다.

출전《논어論語》〈선진先進〉

무엇이든 정도를 벗어나면 문제가 생긴다. 음식이 아무리 맛있어도 사람의 위는 한정된 음식만 받아들인다. 위를 무시하고 먹다가는 체하여 병을 자초하고 만다.

돈은 많으면 많을수록 좋지만, 돈 때문에 부모 자식 간에, 형제간에, 자매간에 질시하고 급기야는 법정에 서는 어처구니없는 일도 비일비재하다. 대기업의 후계자 자리를 놓고 다투는가 하면, 아버지의 유산 문제로 대기업 CEO 형제가 한동안 사람들 입에 오르내리며 여론을 뜨겁게 달구기도 했다.

어떤 여성은 상당한 미모임에도 더 아름다워지고 싶은 욕망에 사로잡혀 여러 번 성형 수술을 하는 바람에 얼굴이 망가지기도 한다. 평생 씻을 수 없는 아픔 속에서 살아가는 것이다. 어디 그뿐인가. 공부를 상당히 잘하는 자녀라도 성적이 조금만 떨어지면 닦달을 한다. 견디다 못한 아이가 아파트에서 투신하여 목숨을 끊는 일도 흔하다.

모두가 절제할 줄 모르고 무조건 넘치고 많아야 좋은 줄 아는 까닭에 벌어지는 일이다. 다음은 중용을 강조한 '과유불급'이란 말이 생긴 유래이다.

춘추 시대 위나라의 유학자 중에 자공이라는 이가 있었다. 그는 정치적 능력이 뛰어나 노나라와 위나라의 재상을 지냈다. 그는 공자가 무척이나 아끼는 제자였다.

어느 날 자공이 공자에게 물었다.

"선생님, 제자 자장과 자하 중 어느 쪽이 현명합니까?"

공자가 말했다.

"자장은 지나치고, 자하는 미치지 못한다."

자공이 다시 물었다.

"그럼 자장이 낫다는 말씀입니까?"

공자가 말했다.

"지나침은 미치지 못함과 다를 바가 없다"

공자의 말은 너무 한쪽으로 넘치거나 치우치면 오히려 아니함만 못하다는 의미이다.

군자는 대범하여 작은 것에 연연하지 않고, 넘쳐도 내색을 하지 않으며, 모자라도 내색하지 않는다. 사물의 이치를 깨우친 까닭이다. 소인은 한쪽으로 넘치든 치우치든 상관하지 않고, 소심하여 작은 일에도 연연하며, 부족하면 근심이 쌓이고, 넘치면 좋다고 내색하기를 주저하지 않는다. 사물의 이치를 깨우치지 못한 까닭이다.

누구나 군자가 될 수는 없다. 군자가 되기 위해서는 많은 수련을 쌓아야 하고, 많은 공부를 통해 삶의 본질을 터득해야 한다. 사물의 이치도 깨우쳐야 한다. 군자가 되는 길은 지극히 어렵다. 다만 군자 같은 삶을 흉내 낼 수는 있다. 물론 이 또한 많은 공부와 수련을 필요로 한다. 사람답게 살기 위한 수고는 감수해야 한다.

007

잘못을 저지르고도 고치지 않다

과이불개
過而不改

잘못 **과** 말 이을 **이** 아니 **불** 고칠 **개**

잘못을 알면서도 고치지 않으면
그 또한 잘못이라는 말이다.

출전 《논어論語》 〈위령공衛靈公〉

사람은 완벽한 존재가 아니어서 살아가는 동안 본의 아니게 잘못을 저지르기도 한다. 의도성이 깔린 잘못은 양심을 속이는 짓이지만, 자신도 모르게 저지르는 잘못은 어느 정도 이해받을 수 있다.

문제는 잘못을 저지르고도 구구하게 변명을 하는 것이다. 삼척동자도 아는 잘못을 그럴듯한 말로 이해받으려는 것은 상대나 주변 사람에 대한 예의가 아니다. 오히려 불신만 사고 자신을 스스로 욕되게 하는 비겁한 행위이다.

일부 몰지각한 정치인이나 관료들은 뻔히 보이는 잘못을 거짓으로 변명한다. 유명세를 타는 이들 중 일부는 그릇된 일탈 행위에 따른 문제 제기에 감언이설로 둘러댄다. 제품의 정량을 속이거나 눈 가리고 아웅 하는 부도덕 상술로 소비자를 우롱하는 기업은 뻔뻔한 변명을 늘어놓는다. 법과 질서를 어지럽히는 이런 지각없는 행태는 잘못에 대해 생각해 볼 좋은 예이다.

물론 사람이니까 잘못을 할 수 있다. 하지만 잘못을 하고도 고치지 않는다는 것이 더 큰 문제이다. 그런 사람들이 또다시 같은 일을 되풀이하는 사례가 심심찮게 벌어진다. 죄도 짓는 사람들이 계속 짓는 걸 보면 알 수 있다.

춘추 전국 시대의 사상가이자 학자이며, 유교의 시조인 공자는《논어》〈위령공〉에서 다음과 같이 말했다.

"과이불개過而不改 시위과의是謂過矣. 잘못을 하고도 고치지 않으면, 이를 일러 잘못이라 한다."

《논어》〈학이〉와 〈자한〉에서 이르기를 '과즉물탄개過則勿憚改'라 했다. '잘못을 하면 고치기를 꺼리지 말라'는 뜻이다. 〈자장〉에서는 '소인지과야필문小人之過也必文'이라 했다. '소인은 잘못을 저지르면 꾸며서 둘러대려고 한다'는 뜻이다.

공자가 잘못을 바로잡아야 한다고 강조한 이유는 '인仁'을 사람의 근본으로 삼았기 때문이다. 인은 그의 사상과 철학의 본질이며 목적이다. 인간답게 사는 길은 잘못을 하지 않고 도덕과 예로 서로에게 덕이 있는 삶을 추구하는 것에 있다고 보았던 것이다.

공자는 교육의 기능이 군자로 훈련되는 방법을 가르침에 있다고 생각했다. 그에게 교육, 즉 가르침은 삶의 근간이었다. 가르침을 통해 유교 사상을 확립하는 것은 소명이나 마찬가지였다.

공자의 주변에는 항상 제자들과 배움을 청하는 이들로 넘쳐났다. 그의 제자를 자처하는 사람이 삼천여 명에 이르렀다고 한다. 그는 배우고자 하는 이들에게 가르침을 아끼지 않았다. 그는 모든 사람은 자기 수양을 통해 덕을 쌓을 수 있다고 말했다. 배움이 지식뿐만 아니라 인격을 수양하는 수단이라고 정의했다. 덕이 있는 세상, 덕이 있는 사람들이 함께 이루는 사회야말로 유토피아가 아닐까.

008 눈을 비비고 다시 보다

괄목상대
刮目相對

비빌 **괄** 눈 **목** 서로 **상** 대할 **대**

남의 학식이나 재주가 이전보다 몰라보게 크게 발전했음을 일러 하는 말이다.

출전 《삼국지三國志》 〈주유노숙여몽전周瑜魯肅呂蒙傳〉

삼국 시대 초기 오나라의 왕 손권 휘하에 여몽이라는 장수가 있었다. 그는 학식이 없는 일자무식이었지만, 전쟁에서 많은 공을 세워 장군이 되었다. 손권은 그를 무척 아꼈는데, 지략만 갖춘다면 훨씬 유능한 장수가 되리라 여겼다.

"힘만 세다고 해서 장수가 아니다. 배움을 통해 지략을 갖춰야 진정한 장수가 되네. 부하들을 거느리고 큰일을 하려면 자네도 학문을 익혀야 해."

"소장은 글을 모릅니다. 설령 글을 읽는다 해도 대부분의 시간을 전쟁터에서 보냅니다. 어찌 글을 읽겠습니까?"

"핑계는 누구라도 하지. 후한의 광무제는 전쟁 중에도 책을 손에서 놓지 않았네. 자네는 머리가 좋으니, 일단 시작만 하면 누구보다도 잘하리라 믿네."

손권은 여몽이 자신감을 갖도록 용기를 불어넣어 주었다. 용기를 얻은 여몽은 작심을 하고 열심히 공부하였다. 그는 전쟁터에서도 책을 손에서 놓지 않았다. 그렇게 몇 년을 공부에 매진하였다.

하루는 학문이 뛰어난 재상 노숙이 여몽의 부대가 있는 곳을 지나게 되었다. 부하가 여몽에게 들렀다 가기를 권유하였다. 노숙은 고개를 가로저으며 말했다.

"내가 무식한 자를 만나 무엇을 하겠는가. 그냥 가세."

학문을 갈고 닦아 예전의 여몽이 아니라는 부하의 말에 노숙은 잠시 들르기로 했다. 노숙을 맞은 여몽은 술을 권하며 가는 곳의 형세를 물었다.

"가시는 곳이 육구라 들었습니다. 육구는 촉나라 관우라는 장수가 있는 곳의 맞은편입니다. 혹시 관우의 침략을 막을 방도는 생각해 두셨습니까?"

갑작스런 여몽의 질문에 당황하는 기색으로 노숙이 말했다.

"지금 우리는 촉과 동맹을 맺지 않았는가? 동맹국끼리 무슨 걱정을 하는가. 혹 그가 침략한다면 그때 방도를 세워도 늦지 않을 걸세."

"아닙니다. 나라 사이의 동맹은 언제든 자국의 이익에 따라 깨질 수 있습니다. 그러니 미리 대비책을 세워 두심이 좋겠습니다."

여몽은 관우를 물리칠 다섯 가지 대비책을 노숙에게 내놓았다. 노숙은 하나같이 훌륭한 대비책에 놀라며 말했다.

"자네는 힘만 있는 장수인 줄 알았는데, 이제 보니 어느 지략가보다 훌륭하구먼. 언제 이렇게 지략을 익혔는가?"

"학문하는 사람이라면 며칠만 떨어졌다 만나더라도 눈을 비비고 다시 볼 정도로 달라져야 하지 않겠습니까?"

여몽의 말에 노숙은 놀라움을 감추지 않았다.

간절한 마음으로 배움을 원하고 실행한다면 누구든 여몽처럼 새롭게 거듭난다. 배움에 끝이란 없다. 언제나 시작만 있을 뿐이다.

009

입에서 나온 말에 마음이 응하지 못하다

구불응심
口不應心

입**구** 아니**불** 응할**응** 마음**심**

입에서 나온 말이 행동과 다름을 일러 하는 말이다.

출전《삼국지연의三國志演義》

말과 행동이 같은 사람을 보면 믿음이 가고 좋은 인간관계를 맺고 싶은 마음이 든다. 그런 사람과의 만남은 도움이 되면 되었지, 손해를 볼 일이 없다고 믿는다. 언행이 일치하는 사람치고 마음과 행실이 바르지 않은 사람이 없다. 언행이 일치가 된다는 것은 그만큼 수양이 되었다는 의미이다. 말과 행동이 같은 사람은 어디를 가든, 누구를 만나든 환영받는다.

말과 행동이 다른 사람을 보면 믿음이 가지 않는다. 그가 하는 어떤 말도 믿지 않게 된다. 이런 사람은 소통에 문제가 많다. 그와 함께하면 손해 볼 일이 생기지나 않을까 염려해서다. 사실 문제를 야기하는 사람들 중에는 말과 행동이 다른 사람들이 많다.

서주를 근거지로 하던 유비는 조조에 의해 남양의 원술을 토벌하러 출정하게 되었다. 유비는 유일한 근거지인 서주를 지키기 위해 장비에게 말했다.

"장비, 서주는 우리의 유일한 근거지이네. 이곳을 빼앗기면 우리는 갈 곳이 없어. 그러니 필히 술을 마시지 말고, 부하들을 때리지도 말게. 자네를 믿겠네."

전에도 장비가 술을 먹고 부하들을 때린 적이 있어 부탁한 것이다. 장비는 유비의 말에 걱정하지 말라며 단언했다. 그때 옆에 있던 미축이 유비에게 말했다.

"폐하, 장비 장군이 말은 저렇게 하지만 말과 행동이 다를까 심히 걱정이 됩니다."

장비가 떠나고 나서 얼마 후 좋지 않은 소식이 들려왔다. 아니나 다를까, 미축의 말대로 장비는 술을 마시고 취해 여포에게 서주를 빼앗기고 말았다.

장비는 유비와의 약속을 잊고 평소에 하던 대로 행동하여 유비를 곤경에 빠트리는 우를 범했다. 한 사람의 바르지 못한 언행이 나라를 위급에 처한 꼴이 되고 말았다. 지키지 못할 약속은 하지 않는 것이 상대에게도 자신에게도 좋다.

지금 우리 사회는 말과 행동이 다른 이들로 인해 시끄럽다. 특히 정치하는 사람들 중에 말과 행동이 다른 이들이 많다. 뇌물을 받아 놓고도 안 받았다, 기억이 안 난다고 발뺌한다. 증거를 대면 그제야 빳빳이 세운 목을 숙이면서 그릇된 언행을 인정한다. 일부 기업인도 말과 행동이 너무나 달라 국민에게 심한 질타를 받곤 한다.

평범한 사람 중에도 말과 행동이 달라 원성을 사는 경우가 많다. 말과 행동이 일치하는 삶은 쉽지 않다. 그럼에도 말과 행동이 같은 삶을 살도록 노력해야 한다. 그것이야말로 자신을 진정으로 위하는 방법이다.

010

입은 곧 재앙의 문이다

구시화문
口是禍門

입**구** 이**시** 재화**화** 문**문**

말을 조심해서 해야 함을 경계하여 이르는 말이다.

출전 풍도馮道의 시 〈설시舌詩〉

세 치 혀는 글자 그대로 10센티미터도 안 되지만, 말을 잘하면 세상 무엇보다도 힘과 용기를 준다. 사람을 한없이 기쁘게 하기도 한다. 반면 입을 잘못 놀리면 원자 폭탄보다도 무섭고 해일보다도 두렵다. 말을 어떻게 하느냐에 따라 사람을 살리기도 죽이기도 한다. 말처럼 선하고 말처럼 무서운 것은 없다. 이것이 말이 가지고 있는 이중성이다. 좋은 말과 나쁜 말은 같은 입에서 나온다. 어떤 말을 하느냐에 따라 사람이 달라 보인다. 한 마디의 말은 그 사람 자신인 것이다.

동서고금을 막론하고 말을 잘해서 성공한 사람들이 많다. 말이 성공의 씨앗이 되었기 때문이다. 생산적이고 창의적인 말은 하는 사람에게도, 듣는 사람에게도 긍정 에너지가 되어 준다. 말이 긍정적으로 작용해 하는 일마다 잘되게 해준다. 그러니 어찌 그 사람을 소중히 여기지 않겠는가. 말 잘하는 사람이 결국 성공한다.

당나라에 풍도라는 사람이 있었다. 그는 882년 당나라 말기 하북성 헌현의 평범한 가정에서 태어났다. 어릴 때부터 책과 글을 좋아하고 문학적 재능이 뛰어나 미래가 촉망되는 기재라는 말을 들었다. 그는 당나라 말기 유주 절도사 휘하의 관리로 첫 관직 생활을 시작했다. 비록 미관말직이었지만 절도와 원칙에 따라 행동하여 상관은 물론 동료들도 함부로 대하지 않았다.

당시 당나라는 황제의 권위가 추락하고, 국가의 조직력이 약해질 대로 약해져 지방 절도사들이 각 지역을 마치 왕처럼 통치하였다. 그러다 907년 절도사 주전충은 당나라를 멸망시키고 후량을 건국하였다. 주전충은 황제로 등극하고, 동지인 이극용은 진왕에 봉해졌다. 그러다 이극용이 1년 만에 죽고 그의 아들인 이존욱이 진왕이 되었다.

풍도는 유주 절도사 유수광 밑에 있었다. 유수광은 야심가였다. 유수광은 이존욱과 전쟁 준비를 했다. 풍도는 진왕과 싸울 수 없다고 말하다 옥에 갇히고 말았다. 마침내 유수광이 이존욱과 전쟁을 벌였지만 패하고 말았다.

이때 풍도는 운명을 바꿀 사람을 만났다. 바로 장승업이다. 장승업은 환관 출신이지만 이존욱이 형이라고 부를 만큼 절친한 사이였다. 장승업은 옥에 갇힌 풍도를 이존욱에게 소개하였다. 풍도의 능력을 간파한 이존욱은 자신의 참모로 삼았다.

후당의 황제가 된 이존욱은 풍도를 재상으로 임명하였다. 풍도는 백성을 지극히 위하는 마음으로 비난을 받으면서까지 위기 때마다 자신을 지켜 나갔다. 풍도는 5대 10국이 교체되는 혼란기에 다섯 왕조, 여덟 성씨, 열한 명의 천자를 섬기며 무려 50여 년이나 고위 관직에 있었다.

풍도는 난세에 30년은 고위 관리로, 20년은 재상으로 지내면서 천수를 누리고 73세에 죽었다. 그야말로 전무후무한 처세의 달인이었다. 그런 풍도가 자신의 처세관을 남겼는데, 그 중 하나가 '구시화문'이다. 항상 말을 조심해야 한다. 모든 흉복은 항상 말에서 비롯됨을 잊지 말아야겠다.

011

아홉 마리 소에서 터럭 한 개

구우일모
九牛一毛

아홉**구** 소**우** 한**일** 털**모**

아무것도 아닌 하찮은 일을 비유하여 이르는 말이다.

출전《한서漢書》〈사마천전司馬遷傳〉

사람들은 수많은 물건 중 하나 정도는 없어져도 아무렇지 않게 생각하는 경향이 있다. 많이 있으면 하나쯤 없어져도 티가 나지 않기 때문이다. 이는 매우 잘못된 생각이다. 백에 하나가 부족하면 구십구일 뿐 절대로 백이 되지 못한다. 비어 있는 하나가 있어야 비로소 완전한 하나가 되는 것이다.

전한의 7대 황제인 무제는 총애하는 이부인의 오빠인 이광리가 흉노 정벌의 공을 세우도록 명장 이릉에게 이광리를 도우라는 명을 내렸다. 이릉은 별동대 5천을 이끌고 흉노를 침입했고, 3만 병력과 싸워 수천 명을 베었다. 흉노의 선우는 지원병 8만과 자신의 병력 등 도합 11만의 병력으로 이릉을 공격했지만 이길 수 없어 철군을 결심했다.

이릉의 부하 중 하나가 잘못을 저지르고 흉노로 도주하였다. 그가 이릉 군대는 원병도 없고 화살도 거의 바닥이 났다고 고하는 바람에 선우는 철군 대신 공격을 하였다. 중과부적이어서 이릉은 포로로 잡히고 말았다. 선우는 이릉을 얻기 위해 자신의 딸을 주며 사위로 삼았다.

소식을 들은 무제는 대로하여 이릉의 죄를 문책하는 회의를 열고 이릉의 노모와 처자를 참형에 처하기로 했다. 하지만 누구도 이릉을 비호하지 않았다. 홀로 사마천이 나서서 이릉은 지금 고육책으로 그리하고 있을 것이라고 말했다. 사마천은 훗날 이릉이 반드시 황은에 보답할 기회를 얻을 것이라고 고했다. 사마천의 말을 듣고 무제는 진노하였다.

"저 놈을 당장 극형에 처하도록 하라."

사마천은 생식기를 잘리는 궁형에 처해졌다. 궁형은 남자에게는 가장 치명적이고 수치스러운 형벌이었다. 사마천은 친구인 임안에게 알리는 글 〈보임안서報任安書〉에 다음과 같이 참담

한 심정을 알렸다.

"내가 법에 따라 사형을 받는다 해도 한낱 아홉 마리의 소에서 터럭 하나 없어짐과 같을 뿐이다. 나와 같은 존재는 땅강아지나 개미 같은 미물과 무엇이 다른가. 세상 사람들 역시 내가 절개를 위해 죽는다고 생각하기보다는 나쁜 말을 하다 죄를 지어 어리석게 죽었다고 여기리라."

사마천이 씻을 수 없는 수모를 참으며 살아남은 이유가 있다. 아버지 사마담이 '통사通史를 기록하라'는 유언을 남겨《사기》를 집필 중이었기 때문이다. 사마천은 2년 후 중국 최초의 역사서로 꼽히는《사기》130권을 완성하였다.

사마천이라는 인물의 우직함과 의리를 알게 된다. 그는 씻지 못할 치욕을 견디며 아버지의 유언을 따랐다. 그가 이룬 업적은 지금도 중국 역사에서 큰 비중을 차지하며 장대하게 빛나고 있다.

구우일모와 비슷한 말로는 망망한 바다에 떨어진 좁쌀 하나라는 뜻을 가진 '창해일속滄海一粟'이 있다.

012

닭 무리 가운데 한 마리 학

군계일학
群鷄一鶴

무리 **군** 닭 **계** 한 **일** 학 **학**

많은 사람들 가운데 가장
뛰어난 인물을 이르는 말이다.

출전《진서晉書》〈혜소전嵆紹傳〉

누구에게나 뛰어난 사람이 되고 싶은 욕망이 있다. 한 번뿐인 인생을 사람들로부터 인정받으며 멋지고 아름답게 살고 싶은 것은 지극히 당연하다. 그렇다고 뛰어난 사람이 저절로 되는 것은 아니다. 선천적으로 타고난 재주만으로는 안 된다. 재주를 뒷받침해 줄 열정과 노력이 반드시 따라야 한다. 사람들은 이런 사실을 망각하고 마음으로만 잘되고 싶어 한다. 그림에 있는 고래를 잡으려는 것과 같다. 그만큼 어리석은 일이며 무모한 일이다.

뛰어난 인생이 되어 가치 있게 살고 싶다면 스스로 뛰어난 인물이 되어야 한다. 그러기 위해서는 자신을 그럴 만한 사람으로 만들어야 한다. 많은 사람들 중 단연 뛰어난 사람이 된다는 것은 매우 기쁘고 행복한 일이다.

진나라 초기에 혼란한 세상을 피해 산으로 들어가 노장 사상을 논하고 음악을 즐기던 죽림칠현이 있었다. 그중 한 사람인 혜강은 특히 문학적인 재능이 뛰어났다. 그는 안타깝게도 무고하게 죄를 뒤집어쓰고 처형을 당하고 말았다.

당시 혜강에게는 10살 된 아들 혜소가 있었다. 혜소가 장성하자 혜강의 친구 중 역시 죽림칠현의 한 사람인 산도가 혜소를 무제에게 천거하였다.

"폐하,《서경》에 아비 죄는 아들에게 미치지 않으며, 아들의 죄는 아비에게 미치지 않는다고 했습니다. 비록 혜소는 혜강의 아들이나 슬기와 지혜가 매우 출중합니다. 그에게 비서랑 벼슬을 내려 주십시오."

"그대가 추천한 사람이라면 정승을 시켜도 좋을 듯하오."

무제는 산도의 말을 흔쾌히 받아들여 혜소를 비서랑보다 위인 비서승이라는 벼슬을 내렸다. 낙양으로 간 혜소의 모습을 지켜보던 어떤 이가 죽림칠현 중 한 사람인 왕융에게 말했다.

"어제 구름같이 많은 사람들 틈에 끼어서 궁궐로 들어가는 혜소를 보았습니다. 모습이 의젓하고 늠름하여 마치 닭의 무리 속에 있는 한 마리 학과 같았습니다."

혜소는 아버지를 무고하게 잃었지만, 굴하지 않고 자신을 갈고 닦아 산도의 천거로 조정에 출사하였다. 만일 아버지의 죽음을 슬퍼하여 술이나 마시고 함부로 지냈다면 그의 삶은 피폐하거나 보통 사람과 같았을 것이다. 남과 다른 인생을 살기 원한다면 끊임없이 자신을 갈고 닦아야 한다. 뛰어난 인생은 노력과 열정에서 온다.

군계일학과 같은 의미로 쓰이는 말에는 '학립계군鶴立鷄群', '계군고학鷄群孤鶴'이 있다.

013

흙먼지를 날리며 다시 오다

권토중래

捲土重來

거둘 **권** 흙 **토** 거듭할 **중** 올 **래**

한번 실패한 사람이 다시
세력을 되찾아 돌아옴을 의미한다.

출전 두목杜牧의 시 〈제오강정題烏江亭〉

사람은 누구나 실패하기 마련이다. 다만 사람에 따라 실패를 받아들이는 자세가 다르다. 어떤 사람은 실패를 아무렇지도 않게 여기며 다시 도전하여 성공에 이른다. 어떤 사람은 실패의 두려움에 갇혀 벗어나지 못하고 실패한 인생으로 살아간다.

실패는 창피한 것이 아니다. 모든 성공 뒤에는 실패가 있었다. 실패하지 않는 사람은 없다. 실패하고 나서 어떻게 처신하느냐가 관건이다. 실패를 거울삼아 두 번 다시 같은 실패를 하지 않겠다고 독하게 마음먹고 노력하면 성공으로 다가갈 수 있다.

초나라 항우가 한나라 유방과 벌인 해하 전투에서 패하고 말았다. 한신은 항우를 잡기 위해 구리산 곳곳에 병사들을 매복시키는 등 혈안이 되었다. 항우는 그물처럼 얽힌 매복을 뚫고 혼자 무사히 탈출하였다. 하지만 앞에는 오강이 흐르고 있어 강을 건너야만 했다. 마침 오강의 정장이 배를 강 언덕에 대고 기다리다가 항우에게 말했다.

"강동이 비록 작으나 땅이 사방 천 리이며, 백성들의 수가 수십만에 이르러 족히 왕이 되실 만한 곳입니다. 대왕께서는 빨리 건너십시오. 지금은 저에게만 배가 있어 한나라 군사가 온다 해도 강을 건널 수 없습니다."

그러자 항우가 웃으며 말했다.

"하늘이 나를 망하게 하려는데 강을 건너서 무얼 하겠나. 내가 강동의 젊은이 8천 명과 함께 강을 건너 서쪽으로 갔으나, 지금은 한 사람도 돌아오지 못했다. 설령 강동의 부모 형제들이 불쌍히 여겨 왕으로 삼는다고 한들 무슨 면목으로 대하겠는가. 그들이 아무 말도 하지 않는다 해도 양심에 부끄럽지 않겠나."

항우는 용맹스럽게 싸우다 자결하였다.

항우가 죽은 지 천 년이 지난 어느 날, 당나라 시인 두목은 오강의 객사에서 항우를 추모하는 시를 남겼다. 강동의 부모 형제에 대한 부끄러움을 참고 힘을 일으키면 충분히 재기할 수 있는 기회를 저버리고 자결한 항우를 애석해하는 시 〈제오강정〉이다.

'권토중래미가지捲土重來未可知'

'권토중래는 아직 알 수 없네'라는 뜻이다. 〈제오강정〉은 항우에 대해 쓴 시 중에서 가장 잘 알려진 시이다. 비록 항우는 권토중래할 기회를 스스로 저버렸지만, 만일 정장의 말을 따랐다면 중국의 역사는 달라졌을 것이다. 인간의 일이란 알 수가 없다. 항우의 선택 역시 운명이자 중국의 역사인 것이다.

014

비단옷을 입고 고향으로 돌아오다

금의환향
錦衣還鄕

비단 **금** 옷 **의** 돌아올 **환** 시골 **향**

출세하여 비단 옷을 입고
고향으로 돌아옴을 의미한다.

출전 《사기史記》 〈항우본기項羽本紀〉

사람들은 누구나 성공하기를 원한다. 인생에서 성공이란 삶의 목적이기도 하고 꿈이기도 하다. 보편적이고 객관적인 시각으로 보면 고향을 떠나 객지에서 갖은 고생 끝에 부를 축적하는 경우도 성공이며, 정치적으로 높은 지위에 오르는 경우도 성공이다. 인기 있는 작가나 음악가가 되거나, 뛰어난 운동선수가 되어도 성공이다. 가수나 탤런트, 영화배우 등 인기 있는 연예인이 되어도 성공이다. 보통 사람들이 이루지 못한 경지를 이루어도 성공이다. 물론 부와 지위를 떠나 가치 있는 삶을 추구해도 성공이라고 할 수 있다.

'금의환향'이란 말은 성공을 지칭하는 말이다. 고향 사람들의 부러움을 사고 열렬한 환영을 받는 모습은 상상만으로도 가슴이 설렌다.

항우는 진나라 수도 함양을 먼저 점령한 유방을 몰아내고 자신이 차지하였다. 그는 관중에 먼저 입성했던 유방이 살려 둔 나이 어린 왕자 자영을 죽이고, 시황제가 세운 아방궁을 불태우고, 시황제의 무덤을 파헤치고, 금은보화를 약탈하고, 궁녀들을 겁탈하는 등 사람으로서는 하지 못할 온갖 만행을 저질렀다. 승리에 취해 민심을 어지럽히고 무모한 일을 일삼는 항우에게 책사인 범증이 자중하기를 간언했지만 듣지 않았다.

얼마 후 민심이 뒤숭숭해졌다. 항우는 초토화시킨 함양이 마음에 들지 않았다. 항우는 자신의 고향인 팽성으로 수도를 옮길 생각에 들떠 있었다. 이때 간의대부 한생이 말했다.

"함양이 있는 관중 지역은 산과 강으로 가로막힌 요새이자 비옥한 땅이 있는 곳입니다. 이곳을 거점으로 하여 천하를 호령하소서."

고향으로 돌아가 출세한 자신을 자랑하고 싶은 항우는 화를 내며 말했다.

"지금 길거리에 떠도는 노래가 있다. '성공하고도 고향으로 돌아가지 못하면 비단옷을 입고 밤길을 다니는 것과 다르랴.' 바로 나를 두고 하는 노래가 아닌가. 서둘러 날을 잡아 돌아가도록 하자."

항우의 말을 듣고 한생이 중얼거렸다.

"초나라는 원숭이에게 옷을 입히고 갓을 씌웠을 뿐이라고 하더니, 사실이로구나!"

크게 진노한 항우는 한생을 끓는 기름 속에 넣어 죽였다.

사실은 유방의 책사 장량이 지어 퍼트린 노래였다. 항우가 천하의 요새인 함양에 있는 한 유방은 패업을 이룰 수가 없다. 어떻게든 항우를 함양에서 몰아내야 하는 것이다. 결국 항우는 팽성으로 도읍을 옮겼다. 다시 함양을 차지한 유방에게 패한 항우는 천하를 넘겨주고 자결하고 말았다.

항우가 유방에게 패해 천하를 쟁취할 기회를 놓친 것은 그릇된 처신에 있다. 처신을 올바르게 했으면 천하를 손에 쥐고 그야말로 진정한 금의환향을 했을 것이다. 지나친 탐욕과 방자함이 도를 넘는 바람에 천하를 놓치고 말았다.

015

기나라 사람의 쓸데없는 걸정

기인지우
杞人之憂

나라 이름 **기** 사람 **인** 갈 **지** 근심 **우**

걱정하지 않아도 될 일을
이것저것 사서 걱정함을 말한다.

출전 《열자列子》 〈천서天瑞〉

하지 않아도 될 일을 미리부터 걱정하는 이가 있다. 대개 성격이 소심해서 그렇다. 같은 문제를 놓고 이렇게도 생각해 보고, 저렇게도 생각해 본다. 생각이 많다고 나쁜 것은 아니지만, 쓸데없이 안 해도 될 생각을 하고 근심하다 보면 스스로 부정적으로 변한다. 비생산적이고 비창조적인 일이 아닐 수 없다. 자신에게나 주변 사람들에게나 가히 좋지 못하고 아무런 도움도 되지 않는다.

기나라에 어떤 사람이 있었다. 그는 하늘이 무너지면 피하지 못해 죽지 않을까 하는 공포를 갑자기 느끼게 되었다. 공연히 걱정과 근심이 더 커져 도저히 잠을 잘 수가 없었다. 걱정이 얼마나 큰지, 식음마저도 잊을 정도였다. 친구가 나날이 몸이 수척해져 가는 그를 찾아왔다.

"만약 하늘이 무너지거나 땅이 꺼진다면 몸을 피할 곳이 없지 않은가?"

"하늘은 기운이 가득 쌓여서 이루어진 것이네. 어찌 하늘이 무너진단 말인가?"

"하늘이 정말 기가 쌓인 것이라면 해와 달과 별이 떨어져 내릴 게 아닌가?"

"해와 달과 별도 기운이 쌓여서 빛날 뿐이네. 설령 떨어져 내린다 해도 다칠 염려는 없다네."

"그럼 땅이 꺼지는 일은 없을까?"

"땅은 흙이 쌓인 것이며 사방에 흙이 없는 곳이 없네. 우리가 뛰고 달리는 것도 늘 땅 위에서 하고 있질 않나? 땅이 왜 꺼진단 말인가. 그러니 지금부터라도 쓸데없는 걱정일랑은 하지 말게."

친구의 말을 듣고서야 그는 겨우 마음을 놓았다.

깊은 걱정과 근심에 빠지다 보면 주위에서 아무리 좋은 이야기를 해줘도 빠져나오지 못한다. 사서 하는 걱정은 백해무익하고 전혀 도움이 되지 않는다. 그렇다면 어떻게 해야 할까? 걱정과 근심 대신 마음을 굳게 하고 직접 몸으로 부딪쳐 몰아내야 한다. 시험을 잘 보고 싶다면 열심히 시험 공부를 하면 되고, 몸이 약하다면 당장 운동을 시작해 꾸준히 하면 된다.

모든 것은 마음에서 온다고 했다. 마음을 강건하고 굳게 하면 긍정적이고 적극적인 에너지가 발생하여 걱정과 근심으로부터 해방된다. 원하는 것을 얻고 싶다면 걱정과 근심을 마음으로부터 몰아내라.

016

남쪽 나뭇가지 아래에서 꾼 꿈

남가일몽
南柯一夢

남녘 **남** 나뭇가지 **가** 한 **일** 꿈 **몽**

일생의 부귀영화가
한낱 꿈에 지나지 않는다는 의미이다.

출전 이공좌李公佐의 소설《남가태수전南柯太守傳》

인간에게 '꿈'은 삶의 이상이며 목적이기도 하다. 꿈이 있는 사람은 매사에 긍정적이고, 자신을 소홀히 하지 않는다. 꿈이 없는 사람은 매사에 부정적이고, 자신을 함부로 여겨 소홀히 한다. 꿈이 없는 사람은 헛된 욕망으로 가득 차 있다. 피나는 노력 없이 인생은 한 방이라며 공공연하게 떠들기까지 한다.

꿈은 노력이 따라야 하고, 노력을 통해 이루어야 더욱 가치 있고 아름답다. 헛된 꿈, 헛된 생각이 얼마나 무모하고 공허한지 잘 알지 못하는 까닭에 한껏 부풀어 있는 것이다. '남가일몽'이라는 말이 이를 잘 알려 준다.

당나라 9대 황제인 덕종 당시 광릉에 순우분이라는 사람이 살고 있었다. 어느 날 그가 술에 취해 집 앞에 있는 큰 홰나무 밑에서 잠이 들었다. 잠을 자는데 어디선가 남색 관복을 입은 두 사나이가 나타나서 말했다.

"저희는 괴안국槐安國 왕의 명을 받고 대인을 모시러 온 사신입니다."

순우분은 사신을 따라나섰다. 홰나무 구멍으로 들어간 사신을 따라 순우분도 들어갔다. 기다렸다는 듯이 왕이 반가이 맞이했다. 순우분은 왕의 사위가 되어 궁궐에서 호화롭게 지내다 남가군 태수로 부임했다. 남가군을 맡아 선정으로 20년 동안 다스린 그는 재상이 되었다.

그러다 단라국檀羅國이 침입해 왕명을 받고 맞서 싸웠으나 참패하고 말았다. 설상가상으로 아내까지 병으로 죽자 관직을 버리고 상경했다. 패전으로 여론이 좋지 않자 순우분을 헐뜯는 투서가 올라왔다. 왕은 순우분을 고향으로 돌려보냈다. 그 순간 순우분은 잠에서 깨었다.

잠에서 깨어난 순우분은 꿈이 하도 기이해서 홰나무 뿌리

부분을 살펴보았다. 그곳에 구멍이 있었다. 구멍을 더듬어 나가자 수많은 개미 무리가 두 마리의 왕 개미를 둘러싸고 있었다. 여기가 괴안국이었다. 거기서 남쪽으로 뻗은 가지 아래의 구멍에도 개미 떼가 있었는데, 그곳이 남가군이었다.

순우분은 개미구멍을 원래대로 고쳐 놓았지만 밤에 큰비가 내렸다. 이튿날 구멍을 살펴보았으나 개미는 흔적도 없이 사라지고 없었다.

인생에 대해 많은 생각을 하게 한다. 순우분은 비록 꿈이었지만 달라진 자신의 모습에 아주 만족했다. 왕의 사위가 되고 남가군의 태수가 되어 20년 동안 호사를 누리다가 끝내는 일인지하 만인지상의 재상이 된다. 꿈이라도 얼마나 신나고 즐거운가.

그러나 순우분은 모든 것을 잃고 돌아오고 만다. 헛된 꿈이었다. 노력 없이 무엇이 되기를 바란다거나, 한 방을 믿고 사행성 놀이에 몰입한다면 그야말로 헛된 꿈이다.

017

주머니 속의 송곳

낭중지추
囊中之錐

주머니 **낭** 가운데 **중** 갈 **지** 송곳 **추**

재능이 뛰어난 사람은 감추려고 해도 저절로 드러남을 의미한다.

출전 《사기史記》 〈평원군우경열전平原君虞卿列傳〉

재능이나 학식이 뛰어난 사람은 자신을 굳이 나타내려 하지 않는다. 소인배나 하는 짓이라는 것을 아는 까닭이다. 이런 사람이야말로 진정으로 뛰어난 사람이다. 재능이나 학식이 그다지 뛰어나지 않은 사람은 남에게 보이기 위해 자신을 과장하거나 가식적으로 드러내려고 한다. 과시욕이 가득한 사람이라 뿌리가 옅은 나무처럼 부족함이 쉽게 드러난다. 요란한 빈 수

레와도 같다. 진정으로 뛰어난 사람은 고개를 숙일 줄 안다.

전국 시대 말엽에 조나라는 진나라의 공격을 받았다. 조나라의 혜문왕은 동생이자 재상인 평원군을 초나라에 보내 원군을 청하기로 하였다. 평원군은 자신을 보좌할 스무 명의 수행원을 선발했다. 열아홉 명은 쉽게 뽑았으나, 나머지 한 명을 뽑지 못해 고심하였다. 그때 모수라는 자가 평원군에게 말했다.

"수행원을 찾는데 한 사람이 모자란다고 들었습니다. 저를 데려가 주십시오."

모수의 말을 듣고 평원군은 어이없다는 얼굴로 말했다.

"내 집에 온 지 얼마나 되었는가?"

"3년 되었습니다."

"재능이 뛰어난 사람은 숨어 있어도 주머니 속의 송곳처럼 드러나는 법이네. 내 집에서 식객으로 머문 지 3년이나 되면서도 이제까지 한 번도 재주를 보인 적이 없지 않은가?"

모수는 평원군을 보며 말했다.

"나리께서는 지금까지 저를 한 번도 주머니 속에 넣지 않으셨습니다. 이번에 넣어 주신다면 어찌 송곳 끝만 보이겠습니까. 자루까지 드러내 보여 드리겠습니다."

모수의 재치 있는 답변을 들은 평원군은 함께 데리고 갔다. 초나라에 도착해서 회담을 했지만 좀처럼 결발이 나지 않았다.

모수는 칼을 들고 회담장으로 가 화려한 언변으로 초나라 왕을 설득했다. 모수의 활약 끝에 초나라 왕은 원군을 보내겠다고 약조하였다.

지혜로운 자의 지혜가 빛을 발했던 순간이다. 평원군은 모수의 지략에 감동하여 크게 우대하였다.

018

말은 더디지만 행동은 민첩하다

눌언민행
訥言敏行

말 더듬을 **눌** 말씀 **언** 민첩할 **민** 행할 **행**

말하기는 쉬워도 행하기는 어려우니,
말은 느리게 하되 행동은
민첩하게 함을 의미한다.

출전 《논어論語》 〈이인里仁〉

한 마디 말을 통해 인품과 성격, 가치관, 배움의 정도 등을 알 수 있다. 말은 곧 그 사람이다. 말을 억지로 꾸민다고 사람의 본질이 달라지지 않는다. 말은 습관과도 같아서 아무리 꾸며도 자신도 모르는 사이에 평소 습관대로 하게 된다. 말을 조심해서 하고 행동도 그에 따라야 하는 것이다.

상대에게 좋은 이미지를 심어 주고 싶다면 예의를 갖춰 말하고 품위를 떨어트리지 않도록 처신해야 한다. 아무리 말은 구구절절 옳고 논리성을 갖췄다고 해도 행동이 따르지 않으면 헛말에 불과하다. 말을 어떻게 하고 행동 또한 어떻게 하느냐에 따라 인생이 달라진다. 말과 행동이 인생을 살아감에 있어 그만큼 중요하다.

'눌언민행'이란 말은 더디게 하더라도 행동은 민첩하게 하라는 의미이다. 옳은 말이다. 말로는 못하는 게 없다. 하룻저녁에도 수만 채의 집을 짓고 부술 수도 있다. 대신 자신의 생각을 행동으로 옮기기는 쉽지 않다. 행동은 곧 실천을 의미하기 때문이다.

공자는《논어》〈이인〉에서 다음과 같이 말했다.

"군자욕君子欲 눌어언訥於言 이민행而敏行."

'군자는 말에는 둔하여도 실천에는 민첩해야 한다'는 뜻이다. 공자는 이와 같은 말을《논어》곳곳에서 자주 언급하고 있다.《논어》〈위정〉에서 공자는 그토록 아끼는 수제자 안회에 대해 말했다.

"내가 안회와 하루 종일 이야기하여도 내 뜻을 어기지 않으니 마치 못난이 같았다. 그가 돌아간 후 언행을 살펴보니 내 뜻을 펼치기에 족했다. 안회는 어리석지 않다."

공자는 안회가 겉보기에는 못난이 같지만, 마음속으로는 자신이 한 말을 충분히 터득하여 실천하고 있다고 말한 것이다.

제자 자공에게도 말했다.

"군자는 말하기 전에 이미 실천하는 사람이다."

공자는 제자 중 가장 언변이 뛰어난 사람으로 재여와 자공을 꼽았다. 재여는 말만 잘하는 것이 아니라 공자의 가르침에 대해 따지길 좋아했다. 하루는 재여가 학업에 열중하겠다고 하고는 낮잠을 잤다. 공자가 말했다.

"썩은 나무에는 조각을 할 수 없고, 썩은 흙으로 쌓은 담장은 손질을 할 수 없다. 재여에게 무엇을 꾸짖겠는가."

공자는 이어서 다음과 같이 말했다.

"처음에는 사람의 말을 들으면 그대로 행동하리라 믿었다. 이제는 사람의 말을 듣고 나서 어떻게 행동하는지 살펴봐야겠다. 재여 때문에 생각이 바뀌었다."

공자의 제자 중 안회, 자로, 증자는 언행일치를 생명처럼 여겼지만 재여는 자신의 입장을 드러내는 수단으로 여겼다고 한다.

소인이 군자와 다른 것은 말만 앞세우고 행동에 옮기기는 더딘 것이다. 실천 없는 말을 '구두선口頭禪'이라고 한다.

019

대그릇의 밥과 표주박의 물

단사표음
簞食瓢飮

대광주리 **단** 먹이 **사** 표주박 **표** 마실 **음**

매우 소박하고 청빈하게
생활함을 의미하는 말이다.

출전《논어論語》〈옹야雍也〉

요즘 우리 사회는 부익부 빈익빈 현상이 가면 갈수록 심화되고 있다. 돈이 돈을 버는 세상이다 보니, 우리나라 상위 10퍼센트가 보유한 자산이 전체의 66퍼센트에 이른다고 한다. 가히 놀랄 만하다. 이와 같은 소득 불균형이 나타나는 현상은 소득의 분배가 제대로 이루어지지 않기 때문이다.

돈 가진 자들 중에는 매우 잘못된 가치관을 가진 이들이 있어 눈살을 찌푸리게 한다. 그들은 돈을 쓰지 못해 안달 난 사람처럼 군다. 천만 원이 넘는 가방을 사기 위해 백화점이 문을 열기도 전에 밖에서 밤을 샌다고 한다. 가방의 수량이 제한되어 있어 늦으면 못 사기 때문이라니, 그 작태가 지극히 한심하고 꼴불견이다.

그들은 자기 돈을 쓰는 것을 아무렇지도 않게 생각한다. 내 돈을 내가 쓴다는데 왜 간섭이냐는 식이다. 대단히 잘못된 생각이다. 내 돈도 결국 따지고 보면 남에게 갈 돈이다. 다만 소득의 재분배가 이루어지지 않아서 가진 자만 더 많이 가지는 것이다.

물질이 많다고 자랑할 것은 없다. 가난하다고 기죽거나 못났다고 자책할 필요도 없다. 소박하고 청빈하게 살아도 사회에 반하지 않고 당당하게 인생을 즐기면 된다.

공자의 제자는 무려 3천 명이나 된다. 그중 학문과 덕이 뛰어난 제자만 77명이었다. 자공은 이재에 밝았으며, 자로는 벼슬길에서 성공했고, 안회는 학문을 매우 좋아하였다. 제자들이 많아서 같은 가르침을 받아도 제각각 추구하는 가치관은 달랐다.

공자는 제자들 중에 안회를 가장 아끼고 총애하였다. 안회는 학문에 정진해 스물아홉에 백발이 되었으며, 높은 학문 못지않게 덕행도 뛰어나 공자도 안회로부터 배울 점이 많았다고 한다.

안회는 하도 가난하여 대나무로 만든 그릇으로 밥을 먹고 표주박으로 물을 떠먹었다. 빈궁한 삶이어서 평생을 끼니조차 제대로 잇지 못하고 지게미조차 배불리 먹어 보지 못했다. 그래도 안회는 주변 환경을 탓하거나 처지를 비관한 적이 한 번도 없었다. 가난하고 구차한 환경을 탓하거나 원망하지 않고 학문하는 즐거움을 최고 기쁨으로 여겼다.

공자는 안회에 대해 다음과 같이 말했다.

"어질도다, 안회여. 다른 사람들 같으면 근심을 견디지 못할 텐데, 대그릇으로 밥을 먹고 표주박으로 물을 마시며 누추한 곳에 살면서도 학문을 즐거이 하며 도를 따르는구나. 장하고도 장하도다."

공자는 안회가 서른한 살에 요절하자 너무나도 큰 슬픔을 느꼈다. 하늘이 자신을 버렸다면서 대성통곡을 했다고 한다. 안회의 청빈한 삶은 스승인 공자도 감복하게 하였다.

가난은 부끄러운 것이 아니다. 가난을 부끄럽게 만드는 우리 사회가 심히 유감스럽다 하겠다.

020

큰 그릇은 늦게 만들어진다

대기만성
大器晩成

큰**대** 그릇**기** 늦을**만** 이룰**성**

큰 인물이 되기 위해서는 많은 노력과 시간이 필요하다는 비유이다.

출전《노자老子》

크고 견고한 성을 쌓으려면 기초를 튼튼하게 다지고 꼼꼼하게 벽돌을 쌓아야 한다. 작은 틈이나 흠이라도 있으면 견고한 성을 기대할 수 없다. 커다란 점보 여객기에서 작은 나사못이 하나라도 빠지면 운항을 중단하는 이유는 작은 나사가 큰 사고를 불러일으키는 원인이 되기 때문이다. 수억 톤의 물을 저장하는 거대한 댐이 새끼손가락만 한 구멍으로 인해 무너져 내린다. 점보 여객기와 댐에 작은 흠이 생기지 않게 하려면 서두르지 않아야 한다. 충분한 시간을 갖고 차근차근 세심하게 만들어야 한다.

튼튼한 성과 점보 여객기, 댐 등에 오랜 시간과 공을 들여야 하듯, 사람도 큰 인물이 되기 위해서는 오랫동안 노력하고 공을 들여야 한다. 공을 들이지 않고 대충 하면 딱 그만한 인물이 되는 것이다. '대기만성'이라는 말이 가진 뜻이다.

"아주 큰 사각형은 모서리가 없고, 큰 그릇은 더디게 만들어진다. 아주 큰 소리는 들을 수 없고, 아주 큰 형상은 모양이 없다. 도는 크면서도 형체와 이름을 갖지 않는다. 그런데도 도는 만물을 돕고 이루게 해준다.

《노자》 제41장에 나오는 대목이다.

《삼국지》 〈최염전崔琰傳〉에는 다음과 같은 이야기가 있다.

위나라의 장군 최염은 건장하고 성격이 호탕한 사람으로, 외모와 재능에 반한 무제가 특별히 총애하였다. 최염의 사촌 동생 최림은 외모가 별로여서 출세하지 못하고 친인척에게도 무시당했다. 최염만은 최림의 됨됨이를 알아보았다.

"큰 종이나 큰 솥은 쉽게 만들지 못한다. 최림은 대기만성 할 사람이다. 틀림없이 큰 인물이 될 것이다."

마침내 최림은 최염의 말대로 훗날 천자를 보좌하는 재상이 되었다.

서두르지 말고 차분히 인생을 설계해서 노력하다 보면 후에 큰 빛을 볼 것이다. 비록 당장 이루어지지 않더라도 실망하고 좌절하지 않길 바란다.

021

큰 뜻을 위해 가족을 버리다

대의멸친
大義滅親

큰 **대** 옳을 **의** 멸할 **멸** 친할 **친**

국가와 사회를 위하는 대의명분 앞에서는 사사로운 정을 버려야 함을 뜻한다.

출전《춘추좌씨전春秋左氏傳》〈은공사년隱公四年〉

조국을 위해 몸 바친 선열들을 보면 대개 행복한 가정생활은 꿈도 꾸지 못했다. 생각만으로도 그들에게는 사치이며 허영과도 같았다. 그들의 가슴속에는 첫째도 조국, 둘째도 조국, 셋째도 조국, 오직 조국의 자유와 평화가 우선이었다. 칠십 평생을 오로지 조국의 광복과 독립을 위해 헌신한 백범 김구가 그러하고, 안중근 의사가 그러하며, 윤봉길 의사와 이봉창 의사가 그러하다. 그 외에도 이름도 빛도 없이 스러져 간 수많은 선열들이 그러하다.

그들도 인간인지라 안락하고 행복한 삶을 생각해 보았을 것이다. 그럼에도 그들은 끝까지 자신이 선택한 길을 걸어갔다. 얼마나 거룩하고 숭고한지 목이 메어 온다. 가족을 뒤로하고 초개와 같이 목숨을 던져 조국을 지켜 냈던 것이다. 이른바 '대의멸친'이라 하겠다.

춘추 시대 위나라에서 주우가 임금 환공을 시해하고 스스로 임금 자리에 올랐다. 주우와 환공은 이복형제였다.

둘의 아버지 장공 때부터 충신으로 이름난 석작은 일찍이 주우에게 역심이 있음을 알았다. 석작은 아들인 석후에게 주우와 절교하라고 했으나 듣지 않았다. 석작은 환공의 시대가 되자 은퇴하였다. 그 후 얼마 지나지 않아 우려했던 주우의 반역이 현실로 나타난 것이다.

반역은 성공했지만 백성과 귀족들의 반응이 별로 좋지 않았다. 석후는 아버지 석작에게 지혜를 구했다. 석작은 천하의 종실인 주 왕실을 예방하여 천자를 배알하고 승인을 받는 게 좋겠다고 답했다. 이어 주 왕실과 각별한 사이인 진나라 진공을 통해서 청원하라고 권했다.

주우와 석후가 진나라로 떠나자 석작은 진공에게 밀사를 보냈다. 주군을 시해한 주우와 석후를 잡아 죽여 대의를 바로잡아 달라고 부탁하였다. 진나라는 두 사람을 잡아 가두었다가 위나라에서 파견한 입회관이 지켜보는 가운데 처형하였다. 석작은 아들이라고 해도 불의에 가담한 죄를 도저히 용서할 수 없었다. 자신과 가족의 안위보다도 나라를 먼저 생각했다.

우리 사회에 경종을 울리는 일이 가끔씩 벌어진다. 자기 아들이 위협을 받았다고 사람들을 동원해 응징한 대기업 회장의 행태가 한때 매스컴을 타며 국민의 입에 오르내렸다. 아이가 불합리한 처우를 받았다고 트집 잡아 담임을 구타한 학부모의 행태는 눈살을 찌푸리게 한다.

물론 자기 자식은 예쁘고 사랑스럽다. 그렇다고 해서는 안 될 행위를 저질러서야 되겠는가. 못난 사람들이나 하는 어리석은 일이다. 조국을 위해 대의멸친한 선열들의 숭고한 정신을 마음에 새겨 성숙한 시민으로 거듭나야 한다.

022

행동의 기준이 되는 도리나 근거

대의명분
大義名分

큰 **대** 옳을 **의** 이름 **명** 나눌 **분**

사람이 마땅히 지켜야 할
도리나 본분을 일러 하는 말이다.

출전《춘추春秋》

무슨 일을 하기 위해서는 기준이 되는 도리와 명백한 근거가 있어야 한다. 그래야 일에 대한 가치도 부각된다. 되는 대로 한다거나 편법을 쓴다면 아무래도 사람들에게 공감을 주지 못해 외면받고 만다. 이는 사람의 도리를 저버리는 행위이기 때문이다. 특히 자신의 유익을 위하는 일이라면 '대의명분'과는 전혀 상관이 없어진다. 자신의 욕망을 채우기 위한 구실에 불과할 뿐이다. 일부 사람들은 그럴듯한 구실을 붙여 자신의 욕망을 채우기에 급급하다. 타인에 대한 의리를 헌신짝 차 버리듯 버리고, 친구와의 관계를 단칼에 내치기도 한다.

대의명분을 벗어나는 행위는 어떤 이유로도 용납될 수 없다. 어떤 자리에 있든, 얼마나 많이 배웠든, 얼마나 많은 부를 축적했든, 얼마나 미모가 빼어나든 대의명분에서 벗어나면 아무것도 아니고 만다. 무슨 일을 하려면 반드시 대의명분에 맞아야 한다. 대의명분에 어긋나면 사회적으로 지탄이 따른다.

어느 날 맹자의 제자인 진대가 물었다.

"스승님, 왕도 정치를 실현하기 위해서는 절개의 일부를 훼손시키는 한이 있더라도 제후들을 찾아가야 하지 않습니까?"

맹자가 말했다.

"비굴한 타협으로 명분을 손상시킬 수는 없다. 타협을 통해 얻는 실리는 기본이 부실해 한계가 있다. 그것을 따라서는 아니 된다."

맹자는 정도를 벗어나는 것이 대의명분에 어긋남을 말한다.

맹자에 의하면 《춘추》는 공자가 편찬한 책으로, 공자의 역사비판이 잘 나타난다고 했다. 춘추 시대 노나라의 은공부터 애공에 이르기까지 12대에 걸친 242년간의 실적과 공적을 기록

하였다. 천하의 질서를 유지하려는 방법을 알리기 위한 책이라고 전해진다. 공자는 선악을 논하고 대의명분을 밝혀 후세의 왕이 나아가야 할 길을 가르쳤다. 정사를 기록한다는 신념으로 어떤 외압에도 굴하지 않고 편년체의 효시인 《춘추》를 완성했다는 것에 의미가 있다.

맹자의 말을 통해 인仁과 덕德을 중요시했던 공자의 사상과 철학을 엿볼 수 있다. 역시 공자다운 어질고 의로운 품격이 잘 드러나 있어서 대의명분이 왜 인간의 삶에 필요한지를 공감하게 된다. 무엇이든 대의명분에서 벗어난다면 하지 말아야 한다. 대의명분에서 벗어나면 곧 자신을 죽이는 것이다.

023

복숭아와 자두 아래에는 저절로 길이 생긴다

도리성혜
桃李成蹊

복숭아 **도** 오얏 **리** 이룰 **성** 좁은 길 **혜**

덕이 있는 사람은 가만히 있어도
그 덕을 사모하여 사람들이 모인다.

출전《사기史記》〈이장군열전李將軍列傳〉

명예로운 인물이 되려면 뼈를 깎는 노력이 따라야 한다. 선택에 따라 취해야 할 행동은 자신이 해야 한다. 어떻게 처신하느냐에 따라 인생의 가치가 결정되는 것이다.

사실 진정한 명예는 주변 사람들이 만들어 준다. 무엇보다 남들이 인정해 주어야 진정한 가치를 지닌다. 자신이 아무리 외쳐 대도 사람들이 모이지 않으면 의미가 없다. 진실로 가치 있는 사람에게는 오라 하지 않아도 사람들이 모여드는 법이다. 인품과 덕, 행적 등이 가히 배울 만하다 여기는 까닭이다.

복숭아와 자두는 열매와 꽃이 아름다워 나무 아래에 저절로 길이 생긴다. 덕이 있는 사람은 가만히 있어도 사람들이 모인다.

한나라 무제 때 이광이라는 장수가 있었다. 그는 어린 시절부터 무예가 뛰어났는데, 특히 활쏘기가 매우 탁월했다. 기원전 166년 흉노가 침입해 오자 그는 탁월한 무예로 격퇴하였다. 그는 연이어 공을 세워 북쪽 변방의 태수가 되었다.

이광의 탁월한 무예와 용맹스러움을 잘 아는 흉노는 그를 존경하고 두려워하여 감히 침공하지 못했다. 그의 용병술은 쉬워서 전투에 적용하기가 수월했다. 행군 중에 물이 있으면 병사들이 먼저 마시게 했고, 모든 군졸이 식사를 마치기 전에는 먼저 식사를 하지 않는 등 부하를 사랑하여 모두가 존경하고 충성하였다.

기원전 121년 이광은 사천의 병사를 이끌고 사만의 흉노와 맞섰지만 중과부적으로 포위를 당하고 말았다. 그는 병사들에 명하여 원을 이루어 화살로 공격하게 했다. 화살이 떨어져 가자 병사들은 당황했지만, 그는 침착하게 적의 부장을 쏘아 쓰러뜨렸다. 적은 두려워서 접근하지 못했고, 마침내 지원군에게 구출되었다. 이광은 선전했으나 많은 병사를 잃어 제후에 봉해지지 않았다.

그 후 대장군 위청과 곽거병이 출전하면서 종군하기를 원했으나, 무제는 그가 이제 늙었다며 허락지 않았다. 이광이 거듭 간청하여 위청의 부장으로 임명하였다. 위청은 무제의 명에 따라 그를 우장군으로 삼고, 동쪽 길로 돌아가 막북에서 합류하기로 했다.

이광은 도중에 길을 잃는 등 악재가 겹쳐 기한 내에 도착하지 못했다. 흉노에게 어려움을 겪고 있던 위청은 이광을 의심하여 무제에게 상소를 올렸다. 이광은 모든 잘못은 자신에게 있다며 병사들을 위로하고 막사로 돌아왔다. 이후 이광은 다음의 말을 남기며 자결하였다.

"나이 육십이 넘어 받은 치욕을 견딜 수 없구나."

이광의 죽음을 들은 병사들은 물론이고 백성들도 깊이 애도하였다.

인품이 뛰어나고 몸가짐이 바른 사람은 말하지 않아도 사람들이 존경하고 따른다. 덕행은 무언의 말인 것이다.

024

복숭아나무 동산에서 결의를 맺다

도원결의
桃園結義

복숭아 **도** 동산 **원** 맺을 **결** 옳을 **의**

뜻이 맞는 사람들끼리 특정한 목적을
이루기 위해 행동을 같이하기로
약속함을 의미한다.

출전 《삼국지연의三國志演義》

살다 보면 뜻이 잘 맞는 부류가 있다. 봉사단을 만들어 휴일마다 봉사 활동을 하면서 즐거움을 나누는 사람들, 그림 그리기를 좋아해서 함께 그림을 그리고 전시회도 여는 사람들, 함께 걸으며 삶의 기쁨을 나누는 사람들 등이다. 비록 소소한 일이라도 목적을 두고 행동과 뜻을 함께하는 것도 결의라고 할 수 있다.

의혈단을 만들어 나라를 도탄으로부터 구하기 위해 뜻을 모으는 것은 대의에 따른 결의이다. 임꺽정이 어지러운 세상을 바로잡겠다고 뜻이 맞는 사람들을 모아 서로 약속한 것도 결의이다. 조국의 광복을 위해 뜻을 모아 일본을 상대로 투쟁하기로 약속한 것도 결의이다.

결의란 개인의 욕망을 채우기 위한 목적이 아니다. 개인과 모두의 희망을 이루기 위해 마음과 힘을 모으기로 약속하고 함께 행동하는 것이다. 특히 대의를 위한 결의에는 사적인 욕망이 따라서는 안 된다. 자칫 대의를 그르칠 수 있기 때문이다.

'도원결의'란 말은 진수가 쓴 정사 《삼국지》에는 기록되어 있지 않다. 나관중이 쓴 《삼국지연의》에 나온다. 그러니까 정사가 아니라 나관중이 지어 낸 이야기에서 온 허구이다.

후한 시대에 환관들로 인해 나라가 어지러워지자 전국 각지에서 반란이 일어났다. 그중 대표적인 반란은 장각이 태평도 신도들을 이끌고 일으킨 황건적의 난이다. 장각의 무리가 유주로 침범해 오자 유주 태수 유언이 의병을 모집하였다. 이때 탁현에서 미투리를 삼고 자리를 치는 일을 하던 유비와 푸줏간을 하던 장비, 못된 관료를 베어 버린 후 떠돌던 관우 등 세 사람이 만나 장비의 집 뒤의 복숭아 동산에서 제사를 지내고 의형제를 맺었다.

"유비, 관우, 장비가 비록 성은 다르나 이미 의를 맺은 형제가 되었습니다. 한마음으로 힘을 합해 곤란한 사람들을 도와 위로는 나라에 보답하고, 아래로는 백성을 평안케 하고자 합니다. 같은 해, 같은 날에 태어나지는 못했어도 한날한시에 죽기를 원하니, 하늘과 땅의 신께서는 굽어 살펴 주소서. 의리를 저버리고 은혜를 잊는 자가 있다면 하늘과 사람이 함께 죽이소서."

맹세를 마치고 첫째는 유비, 둘째는 관우, 셋째는 장비로 형제의 결의가 이루어졌다. 결의 후 세 사람은 삼백 명의 젊은이들을 이끌고 황건적 토벌에 가담하였다. 그 뒤 유비가 삼고초려로 제갈량을 자신 곁에 둠으로써 역사는 새롭게 시작된다. 유비는 제갈량의 탁월한 지략과 관우, 장비의 눈부신 활약으로 촉나라를 세웠고, 위나라의 조조와 오나라의 손권과 함께 천하를 삼분하였다.

거국적인 일을 도모하기 위해 뜻이 맞는 사람들끼리 결의를 맺는 것은 대의를 따르는 일이다. 같은 목적을 위해 뜻이 맞는 사람들끼리 함께 약조하는 것도 결의라고 하겠다.

025 독서하기 좋은 세 가지 여가

독서삼여
讀書三餘

읽을 **독** 책 **서** 석 **삼** 남을 **여**

책 읽기 좋은 시간은 겨울철 농한기와 밤,
비 오는 날이다.

출전 《삼국지三國志》 〈종요화흠왕랑전鍾繇華歆王朗傳〉

독서는 동서고금을 막론하고 삶을 살아감에 있어 가장 필요한 것 중 하나이다. 음식을 통해 영양분을 섭취하여 건강한 몸을 만들듯 독서는 내면세계를 튼튼하게 살찌우는 영혼의 양식이다. 내면세계가 튼튼하면 자기만의 철학과 사상을 갖게 된다. 자기만의 철학과 사상은 자기다운 성품과 인간미를 갖게 하고, 나아가 자기만의 삶을 지향하게 한다. 독서는 꿈과 영혼의 비타민이다.

우리나라 사람들의 독서량이 지나치게 낮다는 통계를 보면 안타까운 마음이 든다. 스마트 폰이나 인터넷을 비롯한 SNS의 영향이 크지만, 책을 가까이하려는 의지도 결여되어 있다. 이구동성으로 책 읽을 시간이 없다고도 말한다. 허나 모두 구구한 핑계에 불과하다.

후한 말의 학자이자 《춘추좌씨전》의 주석서를 쓴 동우는 독서를 매우 즐긴 사람으로 유명하다. 그는 어려서부터 책 읽기를 좋아했다. 때와 장소를 불문하고 그의 손에는 언제나 책이 들려 있었다. 한시도 손에서 책을 놓지 않았다. 그에게 책은 가난을 견디는 희망이었고, 친구이며, 스승이며, 연인이었다. 인생의 목적이며, 즐거움이며, 보람이었다. 책을 통해 동우의 지식은 나날이 깊어졌고, 각지에서 명성이 자자했다. 그럼에도 그는 자신의 학문을 자랑하지 않았고, 군자의 자세를 잃지 않았다.

동우를 둘러싼 자자한 명성이 헌제의 귀에까지 들어갔다. 헌제는 동우를 궁으로 불러들였다. 헌제는 동우를 자신의 선생으로 삼으며 황문시랑이라는 벼슬을 내렸다. 벼슬을 해도 동우의 생활은 별로 달라지지 않았다. 궁궐에서도 동우의 손에는 언제나 책이 들려 있었다.

어느 날 벼슬에서 물러난 동우에게 한 젊은이가 찾아왔다. 그는 제자로 삼아 달라고 간청하였다. 동우는 담담한 표정으로 말했다.

"몇 번이고 책을 읽다 보면 스스로 뜻을 알게 되는 법이오."

"선생님, 저는 농사일로 바빠 책 읽을 시간조차 없습니다."

"그것은 핑계에 불과하오. 책 읽을 시간은 얼마든지 있소. 첫째는 농사철이 끝나 일이 없는 겨울이며, 둘째는 밤, 셋째는 비 오는 날이오. 이때를 잘 활용하면 얼마든지 책을 읽을 수 있소."

결국 젊은이는 간청을 거두고 물러났다.

동우는 거창하게 뜻만 품고 시작하지 않으면 진정한 공부가 아니라고 생각했다. 공부나 독서는 혼자서도 얼마든지 할 수 있다. 문제는 마음이다. 독서는 그 자체로 공부이며 좋은 스승과의 만남이다. 동우가 당대 최고의 지식인이 된 것도 독서 덕분이었다.

026

같은 병을 앓는 사람끼리 불쌍히 여기다

동병상련

同病相憐

같을 **동** 병 **병** 서로 **상** 불쌍히 여길 **련**

비슷한 고통을 겪는 사람들끼리
서로 불쌍히 여겨 위로하는 것을 의미한다.

출전 《오월춘추吳越春秋》〈합려내전闔閭內傳〉

살아가다 보면 서로 비슷한 처지에 놓인 사람들을 보게 된다. 삶이 인간에게 한 줄기 물결과 같기 때문이다. 그런 까닭에 삶이라는 테두리에서는 비슷한 일이 일어나기 마련이다. 같은 처지에 놓인 사람끼리 서로 격려하고 위로하면 큰 힘을 얻는다. '백지장도 맞들면 낫다'는 속담처럼 같은 처지만으로도 위로가 된다. 자신만 어렵지는 않다는 생각이 긍정적으로 작용하는 것이다.

그리스 철학자이자 사상가인 아리스토텔레스는 '인간은 사회적인 동물'이라고 했다. 즐거움도 함께하면 보다 즐겁고 기쁘다. 어려움과 고통, 슬픔도 함께 나누면 그만큼 줄일 수 있어 큰 위로가 된다.

오나라 왕인 합려를 보좌하여 패자로 만든 오자서의 집안은 원래 6대에 걸쳐 초나라에 충성을 바친 뼈대 있는 가문이었다. 하지만 비무기의 모함으로 하루아침에 풍비박산이 나고 말았다. 오자서는 갖은 고생 끝에 가까스로 오나라로 갔다. 오자서는 오나라의 공자 광이 왕이 되려는 야심을 가지고 있음을 알고 자객 전저를 소개해 주었다. 광은 전저를 사주하여 오나라 왕 요를 죽이고 왕위에 올랐으니, 바로 춘추 오패의 한 사람인 합려이다.

합려는 오자서를 대부로 임명하고 더불어 국사를 논했다. 마침 비무기의 모함으로 초나라의 대신 백주려 부자가 주살을 당하자 손자인 백비가 오나라로 망명해 왔다. 오자서는 합려에게 백비를 추천했고, 합려는 백비를 대부에 임명했다. 합려는 백비를 위해 환영의 뜻으로 연회를 베풀었다. 백비를 탐탁지 않게 여기던 대부 피리가 오자서에게 말했다.

"백비의 눈매는 매와 같고, 걸음걸이는 호랑이와 같습니다.

눈 하나 깜짝하지 않고 살인을 저지를 성품입니다. 어찌 친하게 지내시려 하십니까?"

"그와 내가 같은 원한을 지니고 있기 때문입니다. 대부께서는 〈하상가河上歌〉라는 노래를 들어 보지 못했습니까? '같은 병을 앓으면 서로 불쌍히 여기고, 같은 걱정이 있으면 서로 돕는다네. 놀라서 날아오르는 새들은 서로 따르며 날아가고, 여울을 따라 흐르는 물은 합쳐져 다시 함께 흐른다네'라는 노래 말입니다."

훗날 백비는 월나라에 매수를 당해 오나라 멸망에 결정적인 원인을 제공했다. 오자서는 백비의 모함을 받고 자결하였다.

오자서는 자신의 처지와 같은 백비를 가엾이 여겨 벼슬을 받게 하고 편히 살도록 도와주었다. 하지만 배은망덕한 백비는 오자서를 배반하여 죽음에 이르게 했다. 참으로 간교하고 완악한 인물이 아닐 수 없다. 사람이란 은혜를 입었으면 마땅히 갚는 것이 당연하다. 은혜를 모르는 인간은 짐승과도 같다. 동병상련의 의의를 잊지 말아야겠다.

027

높은 곳에 오르려면 낮은 곳에서부터 오른다

등고자비 登高自卑

오를 **등** 높을 **고** 스스로 **자** 낮을 **비**

모든 것에는 순서가 있음을 의미하는 말이다.

출전 《중용中庸》

'천 리 길도 한 걸음부터'라는 속담이 있다. 모든 일에는 순서와 절차가 있다. 인간의 일이든, 자연의 일이든 마찬가지다. 우리가 사는 지구는 우주 법칙의 질서에 따라 존재하는 공간이다. 우주 법칙에 따라 질서를 유지하는 공간에서 생명을 유지하며 살아가는 것이다.

만일 지구가 우주 법칙을 따르지 않고 질서를 무너뜨린다면 곧 공멸을 뜻한다. 우주 법칙을 파괴하는 대가는 참혹하기 이를 데가 없다. 그야말로 무간지옥과도 같다. 수년 전 일어난 동남아 쓰나미로 수만 명이 죽고 수십만 명의 이재민이 발생했다. 수많은 집이 파괴되고, 숫자를 헤아릴 수 없이 많은 물건들이 물에 잠기거나 떠내려갔다. 일본에서는 지진 해일로 원전이 파괴되어 방사능이 누출되면서 큰 혼란에 빠졌다. 수년이 지난 지금도 방사능이 누출된 지역은 초토화 상태로 방치되어 있다. 자연의 순리를 따르지 않고 앞으로만 나아가기 위해 질서를 어지럽힌 우매한 인간들에게 내린 자연의 형벌인 것이다.

《중용》에 다음과 같은 말이 있다.

"군자의 도는 먼 곳을 가기 위해서는 반드시 가까운 곳에서 출발하고, 높은 곳에 오르려면 반드시 낮은 곳에서부터 출발하는 것과 같다."

군자는 절대로 순리를 거스르지 않는다는 뜻이다. 순리를 거스르는 것은 곧 삶을 그르치는 행동이다. 순리를 거스르고 질서를 무너뜨리는 행위는 소인배들이나 하는 짓거리에 불과하다.

등고자비와 비슷한 말이 '먼 곳을 가기 위해서는 반드시 가까운 곳에서 출발한다'는 뜻의 '행원자이行遠自邇'이다.

028 도끼를 갈아 바늘을 만들다

마부작침
磨斧作針

갈 **마** 도끼 **부** 지을 **작** 바늘 **침**

불가능해 보이는 것도 포기하지 않고
끝까지 해낸다는 의미이다.

출전《방여승람方輿勝覽》

어떤 일은 쉽게 하는데, 어떤 일은 아무리 해도 힘만 들 뿐 별 진척이 없다. 쉽게 잘되는 일은 힘이 들지 않아 즐거운 마음으로 하여 무리가 없지만, 어려운 일은 힘만 들고 뜻대로 되지 않아 중도에 포기하고 만다.

불가능해 보여도 끝까지 참고 하면 반드시 해낸다. 지금 우리가 편리하게 사용하는 문명의 이기들은 개발 당시로는 불가능해 보였다. 인내심과 탐구심을 갖고 끝까지 포기하지 않았기에 불가능을 현실로 이끌어 낸 것이다.

당나라 때 시인으로 두보와 함께 중국 역사상 최고의 시인으로 추앙받는 이백. 이백이 집을 떠나 상의산에 들어가 글공부에 전념하던 시절이었다. 문재에 뛰어난 그도 매일 반복하는 공부가 지겹고 고리타분했다. 참다못한 그는 집으로 돌아가기 위해 산을 내려가기로 결심했다.

집에 간다는 생각에 이백의 마음은 들떠 있었다. 그가 시냇가에 이르자 바위에 대고 도끼를 가는 한 노파가 있었다. 노파의 모습이 하도 이상하여 그는 가던 길을 멈추고 물었다.

"할머니, 무엇을 하시기에 도끼를 바위에 가시는 겁니까?"

"바늘을 만들려고 한다."

노파는 바늘을 만들기 위해서라고 답했다. 이백은 재차 물었다.

"바늘을요? 그렇게 해서 언제 바늘을 만들겠어요?"

노파는 빙그레 웃으며 말했다.

"간단하단다. 힘들다고 중간에 포기하지 말고 계속 도끼를 갈면 되지."

중간에 포기만 하지 않으면 만들 수 있다는 노파의 말에 이백의 가슴은 뜨끔거렸다. 꼭 자신을 두고 하는 말 같았다. 순간 열심히 공부를 해야겠다고 생각을 굳힌 그는 깨달음을 준 노파에게 절을 올리고 산으로 되돌아갔다. 그는 이전과는 다른 자세로 학문에 정진한 끝에 최고의 시인이 되었다.

극기라는 말은 자신을 이겨 낸다는 뜻이다. 자신을 이겨 내기란 매우 어려운 일이다. 어떤 일을 하다 힘들면 중도에 그만두는 경우가 많다. 이럴 때 자신을 이기는 힘이 필요하다. 끝까지 해내야겠다는 강력한 의지 말이다. 강력한 의지만 있다면 아무리 어렵고 불가능한 일도 능히 해낸다.

029

말 귀에 동풍이 불다

마이동풍
馬耳東風

말 **마** 귀 **이** 동녘 **동** 바람 **풍**

남의 말을 새겨듣지 않고
귓등으로 흘리는 행동을 비유하는 말이다.

출전 이백李白의 시 〈답왕십이한야독작유회答王十二寒夜獨酌有懷〉

상대의 말을 잘 들어 주는 것은 예의다. 상대의 말을 경청한다는 것은 예로써 대하는 자세이다. 그런 사람은 어디를 가든, 누구를 만나든 좋은 인상을 주고, 대인 관계가 원만해진다.

남의 말에 귀 기울이지 않고 딴짓을 하는 사람은 상대방에 대한 예의가 전혀 없다. 이런 사람은 어디를 가든, 누구를 만나든 나쁜 인상을 주고 외면받는다. 생각해 보라. 나의 말을 잘 안

들어 주는 사람을 좋아할 까닭이 있는지를.

당나라 시인 이백이 벗 왕십이로부터 자신의 불우한 처지를 한탄하는 〈한야독작유회寒夜獨酌有懷〉라는 시를 받았다. '한야독작유회'는 '추운 밤 홀로 술잔을 기울이며 드는 생각이 있어'라는 뜻이다. 이백은 시에 답하여 〈답왕십이한야독작유회〉라는 시를 보냈다. '마이동풍'이라는 말은 이백이 답으로 보낸 시에 나오는 말이다.

"겨우 북쪽 창에 기대어 앉아 시를 읊고 부를 짓는다지만, 일만 말을 지어도 술 한 잔의 가치도 안 되네. 세상 사람 이를 듣고 머리를 흔드는 것이 마치 말 귀에 동풍이 부는 듯하고, 물고기 눈도 우리를 비웃으며 밝은 달과 같기를 바란다네."

이백이 보낸 시 역시 시인의 처지를 한탄하는 내용이다. 술이나 마시며 시름을 씻어 버리기를 권고하면서, 왕후들이 즐겨 하는 투계의 기술로 총애를 입어 출세하는 자들을 규탄한다. 변경의 싸움터에서 작은 공을 세우고도 마치 충신이 된 양 날뛰는 자가 있는 세상도 한탄한다.

난삽한 세상에서 고매한 성품을 가진 이들이 할 수 있는 일이란 북창에 기대 시를 짓는 일이라고 이백은 말한다. 그래도 세상 사람들은 시를 들어도 말 귀에 부는 동풍처럼 여긴다는 것이다.

썩어 빠지고 얍삽한 인간들이 판치는 것은 예나 지금이나 별반 다를 바가 없었나 보다. 부조리한 삶이란 부조리한 인간들에 의해 만들어지는 법. 부조리한 인간들은 옳은 말에 귀를 닫고 자신들의 욕망을 채우기 급급할 따름이다. 이를 바로잡지 못한다면 정직하고 양심 있는 자들은 늘 변방에 있는 가난한 이로 살아갈 뿐이다.

030 서로를 거스르지 않는 친구

막역지우
莫逆之友

없을 **막** 거스를 **역** 갈 **지** 벗 **우**

아무런 허물도 없이
친한 친구를 의미한다.

출전《장자莊子》〈대종사大宗師〉

좋은 친구란 배려심이 좋고, 허물을 덮어 줄 줄 알며, 어려움에 처하면 발 벗고 나서서 도와주고, 말하지 않아도 무엇을 바라는지 미리 알아서 챙겨 주는 친구이다. 불의를 말하지 않으며, 정직하고 겸허하며, 언제나 자신을 뒤로하며, 나쁜 것은 감싸 주는 친구야말로 참 좋은 친구이다.

나쁜 친구는 배려심이 부족하고, 허물을 드러내 곤란에 처하게 하며, 어려움을 외면한다. 좋은 것은 자신이 취하고, 언제나 자신을 앞에 두며, 거짓과 위선을 부끄러워하지 않는 친구이다.

좋은 친구는 또 다른 자신이다. 좋은 친구는 보석보다 귀한 인적 자산이다. 내 몸과 같이 아끼고 사랑해야 한다.

《장자》〈대종사〉에 나오는 내용이다. 어느 날 자사, 자여, 자려, 자래 네 사람이 모여 이야기를 나누었다.

"누가 없는 것으로 머리를 삼고, 삶을 등으로 삼으며, 죽음을 엉덩이로 여길 수 있을까. 누가 삶과 죽음, 있음과 없음의 일체를 알겠는가. 내 이런 사람과 벗이 되리라."

네 사람이 서로 쳐다보며 웃고 마음에 거스를 것이 없어서 마침내 벗이 되었다. 네 사람의 우정은 늙고 병들어 죽는 순간까지도 이어졌다.

다음은 또 다른 이야기이다. 어느 날 자상호, 맹자반, 자금장 세 사람이 함께 어울리며 말했다.

"누가 새삼 서로 사귀는 것이 아니면서도 사귀고, 서로 돕지 않으면서도 도울 것인가. 누가 과연 하늘에 올라 안개 속에서 노닐고, 끝이 없는 곳에서 돌아다니며, 삶을 잊고 끝이 없는 경지에 들어갈 수 있을까?"

세 사람이 서로 쳐다보며 웃고 마음에 거스를 것이 없어서 벗이 되었다.

생사고락을 함께하는 친구, 서로에게 거스를 것도 막힘도 없는 친구, 더불어 함께함으로써 서로 득이 되고 의미가 되는 친구야말로 진실한 친구이다. 영국 수상을 두 번이나 지낸 윈스턴 처질과 페니실린을 발명한 알렉산더 플레밍의 우정, 조선의 이항복과 이덕형의 우정을 보면 서로에게 진실한 친구였음을 알 수 있다.

친구에 관한 고사성어로는 '관포지교管鮑之交', '죽마고우竹馬故友', '간담상조肝膽相照' 등이 있다.

031

맹자의 어머니가 베틀에 건 날실을 끊다

맹모단기

孟母斷機

말 **맹**　어미 **모**　끊을 **단**　베틀 **기**

학문을 중도에서 그만두는 것은 짜던 베의 날실을 끊어 버리는 것과 같다는 의미이다.

출전《열녀전列女傳》

학문을 쌓는 것은 수련과도 같다. 학문의 깊이와 이치를 깨닫기 위해서는 오랫동안 자리에 앉아 집중해야 한다. 집중력이 떨어져 생각이 분산되면 깊이 있는 학문과 이치를 깨닫지 못한다. 이런 관점에서 학문을 쌓는 것은 마음을 닦는 수련과도 같다.

학교에서 받는 가르침은 상급 학교에 진학하거나 취업을 위한 수단일 뿐 진정한 학문이라고 할 수 없다. 진정한 학문은 마음을 닦고 사물의 이치와 진리를 깨치는 공부를 말한다. 사물의 이치와 진리는 단기간에 깨치기가 어렵다. 꾸준히 책을 읽고 생각하여 자신만의 사상과 철학을 만들어야 한다. 오랜 동안 학문에 집중해야 하는 것이다. 중도에서 멈춘다면 더 이상의 깨달음도, 자기만의 사상과 철학도 가질 수 없다.

전국 시대 사람인 맹자는 '사람은 누구나 태어날 때부터 착하다'는 성선설을 주장한 고대 철학자로 유명하다. 맹자가 공자에 버금가게 된 데에는 어머니의 헌신적인 뒷받침이 있었다.

맹자의 어머니 장 씨는 남편이 일찍 죽은 후 홀로 맹자를 키웠다. 그녀는 자식을 잘 기르겠다는 일념으로 세 번이나 이사를 했다. 이른바 '맹모삼천지교孟母三遷之敎'라는 유명한 고사성어를 탄생시킨 당사자이다.

맹자의 어머니는 맹자가 자라자 집을 떠나게 하여 학문 탐구에 힘쓰게 했다. 집을 떠나 학문 탐구에 몰두하던 맹자는 시간이 흐를수록 어머니와 집이 그리웠다. 책을 펼쳐 들고 있어도 머릿속은 어머니에 대한 생각으로 가득 찼다. 그는 학문을 멈추고 자신을 반겨 줄 어머니를 생각하며 집으로 돌아왔다. 자식을 보고 싶은 마음이야 어머니인들 오죽할까만, 맹자의 어머니는 아들을 반기기는커녕 베틀에 앉은 채 말했다.

"그래, 공부는 어느 정도나 익혔느냐?"

"많이 나아진 게 없습니다."

맹자의 어머니는 화를 내며 칼로 베틀의 실을 끊어 버리면서 말했다.

"공부를 중도에 그만두는 것은 베틀의 실을 끊어 버리는 것과 같다."

반겨 줄 줄 알았던 어머니의 냉혹함에 맹자는 아무런 말도 할 수 없었다. 그는 곧바로 집을 떠나 학문 탐구에 집중하여 공자에 버금가는 학자가 되었다.

맹모단기의 동의어로는 '단기지교斷機之教', '단기지계斷機之戒'가 있다.

032

눈을 밝게 하고 쓸개를 크게 펴다

명목장담

明目張膽

밝을 **명** 눈 **목** 넓힐 **장** 쓸개 **담**

두려워하지 않고
담대하게 일을 해 나감을 의미한다.

출전 《송사宋史》 〈유안세전劉安世傳〉

하고 싶은 일을 하다 보면 때때로 어려운 일에 봉착한다. 그러면 자기만의 방식으로 극복하기 위해 노력하기도 한다. 힘이 부치면 누군가의 도움을 바라게 되고, 뜻대로 되지 않으면 포기하고 싶은 마음에 빠지고 만다. 한번 부정적인 마음이 들면 좀처럼 헤어나지 못한다. 부정적인 마음이 들지 않도록 하는 것이 중요하다.

무엇보다 긍정적으로 대처해야 한다. 안 될수록 더욱 강하게 마음을 다잡아야 한다. 모든 것은 마음먹기에 달려 있다. 마음에서 지면 지고, 마음에서 이기면 이긴다.

'명목장담'이란 눈을 밝게 하고 쓸개를 크게 한다는 뜻이다. 아무리 어려운 일도 담대한 마음으로 두려움 없이 시도하면 충분히 해낸다.

송나라에 유안세라는 사람이 있었다. 장부라면 누구나 바라는 출사를 위해 노력한 끝에 진사에 합격하였다. 학문이 뛰어난 그를 송나라 황제 철종이 매우 총애하여, 황제를 보필하는 중요 직책인 간의대부에 임명하였다.

유안세는 성품이 강직하고 신의가 강해 일의 옳고 그름을 명확하게 판단하는 능력도 탁월하였다. 그의 어머니는 간의대부라는 직책이 아들에게 이롭지 못해 혹시 나쁜 일이라도 겪을까 노심초사하였다. 어머니를 보고 유안세가 말했다.

"황제께서는 무능한 저를 버리시지 않고 간의대부에 임명하셨습니다. 제게 뛰어난 능력이 없음을 잘 알지만 황제의 명을 따르지 않을 수 없습니다. 이제 관직을 맡게 되었으니, 눈을 밝게 하고 쓸개를 크게 하여 책임을 다하고자 합니다. 혹시라도 어머니를 모시는 것에 소홀함이 있더라도 용서해 주십시오."

유안세는 걱정하는 어머니를 안심시키고 본분에 최선을 다할 것을 다짐했다. 그는 자신의 말대로 강직하게 처신하였으며, 자신의 이득을 취하기 위한 행동은 하지 않았다. 옳지 않다고 여기면 주저하지 않고 간언했고, 그릇된 생각과 행동으로 일관하는 대신들을 탄핵했다. 조정의 대신들은 그를 두려워하여 어전의 호랑이라고 불렀다고 한다.

예로부터 마음이 바른 사람은 정도에서 벗어난 길을 가지 않았다. 아무리 비단으로 깔려 있고, 금은보화가 넘치는 길이라도 절대 가지 않았다. 반대로 자신에게 불리한 일이 생기고, 어려움이 따르는 것이 눈에 보여도 정도를 걸었다. 옳은 일은 두려움 없이 하되, 옳지 않은 일에는 눈길도 두지 말아야 한다.

033

밝은 거울과 잔잔한 물

명경지수

明鏡止水

밝을 **명** 거울 **경** 그칠 **지** 물 **수**

고요하고 맑은 마음을
거울과 물에 비유한 말이다.

출전 《장자莊子》 〈덕충부德充符〉

복잡 다양하고 빠른 삶을 살아가는 현대인들에게 마음의 안식은 무엇보다도 필요하다. 일에 치이고 경쟁에 시달리다 보면 몸과 마음은 지쳐 축 처지게 된다. 이것이 누적되면 내가 무엇 때문에 이렇게까지 살아야 할까 하는 의문이 든다. 삶이 즐겁지 않고 고행이라 여기게 되어 의욕도 사라지고, 삶에 대한 목적의식도 없어진다.

삶의 의미를 상실한다면 참으로 불행한 일이다. 삶에 끌려가는 것처럼 무의미한 것은 없다. 수동적으로 사느니 차라리 될 대로 되라는 자포자기까지 들면 그야말로 불행한 사태를 맞는다. 이럴 때는 몸과 마음이 맑아지도록 심신을 단련해야 한다. 책을 읽고, 때때로 여행을 하며, 뜻이 잘 맞는 사람들과 마음을 나누고, 의미 있는 일을 찾고, 자신을 날마다 돌아보며 내면을 아름답게 가꾸어야 한다. 그러면 복잡한 사회에서 지치지 않고 얼마든지 의미 있는 삶을 살아갈 수 있다.

춘추 전국 시대 노나라에 학덕이 높은 왕태라는 사람이 있었다. 그는 공자에 버금갈 만큼 많은 제자들을 가르치고 있었다. 왕태에게 불만을 느낀 공자의 제자 상계가 공자에게 물었다.

"선생님, 왕태를 따르는 사람 수가 무척이나 많습니다. 서서 가르치지도 않고 앉아서 토론하는 일도 없는데 텅 빈 마음으로 갔다가 충만해져 온다고 합니다. 그는 말이 없는 가운데 가르침이 있고, 눈에 보이지 않으나 마음에 이루어진 것이 있다고 합니다. 그는 대체 어떤 사람입니까?"

"왕태 선생은 성인이다. 나도 아직 찾아뵙지 못했지만, 장차 스승으로 모시려고 한다. 나보다 못한 사람이야 더 말할 것이 있겠느냐. 노나라뿐만 아니라 장차 천하를 이끌고 그분을 따르려 한다."

"선생님보다도 훌륭하다니 보통 사람은 아닌 듯합니다. 그런 사람의 마음가짐은 어떤 것입니까?"

다음은 공자가 상계에게 말한 핵심 내용이다.

"사람들이 왕태를 따르는 이유는 그의 마음이 조용하기 때문이다. 사람들이 거울 대신 비쳐 볼 수 있는 물은 흐르는 물이 아니라 가만히 정지해 있는 물이다. 그러니까 왕태는 거울처럼 가만히 정지해 있는 물이어서 많은 사람들이 그의 가르침을 따른다."

거울이나 흐르지 않는 물처럼 마음이 고요하고 맑아야 어지러운 세태에서도 자신을 굽어 살핀다. 자신이 추구하는 삶을 살아갈 수 있는 것이다. 마음을 가다듬어 내면을 살피는 눈을 가져야 한다. 그것이 어지러운 세상에서 자신을 지켜 낼 최선의 방책이다.

034

불을 보는 것처럼 분명하다

명약관화
明若觀火

밝을 **명** 같을 **약** 볼 **관** 불 **화**

어떤 일에 있어 불을 보듯이
매우 명백하다는 의미이다.

출전 《서경書經》 〈상서商書〉

좋은 인간관계를 갖기 위해서는 서로 거짓이 없고 매사에 분명해야 한다. 빤히 알고 있는 사실을 둘러대거나 변명한다면 스스로 상대와의 믿음을 깨는 것이다. 어떤 사람이라도 자신이 속고 있다는 사실을 알면서 계속 관계를 유지하지 않는다. 마음이 불편하고 거북해진다고 여기는 까닭이다.

문제는 어디를 가나 누군가를 속이는 사람들이 반드시 있다는 것이다. 그런 사람이 나에게 접근해 온다고 가정해 보라. 분명 조심해야 할 필요가 있다. 경계하지 않는다면 문제가 야기될 수도 있음을 유념해야 한다. 좋은 인간관계를 만들려면 나부터 모든 것을 명백하게 밝혀야 한다. 자신이 투명한 사람이라고 증명하는 것이다.

기원전 14세기경 상나라는 스무 번째 임금인 반경이 통치하고 있었다. 당시 상나라는 분쟁이 일어나고 정치는 부패하여 매우 혼란스러웠다. 거기에다 자연 재해까지 발생하여 동요와 불안이 심해졌다.

반경은 혼란스러운 상황에서 벗어나 통치 기반을 공고히 하기 위해 도읍을 은 지역으로 옮기려고 하였다. 그의 계획은 많은 대신들의 반대에 놓였다. 뿐만 아니라 백성들도 원하지 않았다. 반경은 근심하는 백성들에게 호소하며 맹세하였다.

"앞선 임금께서는 일이 있으시면 하늘의 뜻을 받들어 삼가셨으나, 그래도 언제나 편치 못하여 일정한 도읍을 갖지 못하고 지금껏 다섯 번이나 도읍을 옮겼다. 지금 옛일을 따르지 아니하면 하늘이 명을 끊을지도 모른다. 나는 그대들이 반대하는 이유를 잘 모르겠다. 내가 스스로 덕을 버린 것이 아니라 그대들이 덕을 버리어 나 한 사람을 두려워하고 있다. 나는 불을 보듯이 잘 알고 있으나, 나도 성급히 일을 계획하여 그대들에게

허물이 되었다. 벼리가 있어야 그물이 풀어지지 않는 것과 같고, 농사꾼이 밭에서 힘들게 농사를 지어야 풍성한 가을을 맞는 것과 같다."

결국 반경은 대신들과 백성을 설득하여 도읍을 은으로 옮겼다. 이후 반경은 치세에 힘써 상나라를 부흥시켰고, 200년이 넘도록 도읍을 옮기지 않았다.

반경은 자신의 심정을 거짓 없이 분명히 설명하여 대신들과 백성들에게 신뢰를 심어 주었다. 신뢰를 바탕으로 도읍을 옮기는 계획을 성사시킨 것이다.

035 이치에 밝아 몸을 보전하다

명철보신
明哲保身

밝을 **명** 밝을 **철** 지킬 **보** 몸 **신**

매사에 지혜롭게 처신하여
몸을 보전함을 말한다.

출전《시경詩經》〈대아大雅〉

좋은 관계를 유지하여 인간관계의 폭을 넓히기 위해서는 이치와 사리에 밝아야 한다. 이치에 어둡고 사리에 밝지 못하면 자신이 하는 일은 물론 인간관계에 있어서도 문제를 야기한다. 이치에 어둡고 사리에 밝지 못한 사람은 남을 대하더라도 자기 입장에서 생각하는 경향이 다분하다. 그러다 보니 다른 사람의 입장에서 생각하는 것에 미흡하고 배려가 부족하다.

생각해 보라. 나는 이치에 맞게 사리 분별이 분명한데 상대는 그렇지 않다면 어떤 생각이 들겠는가. 그 사람과는 더 이상 관계 맺기를 꺼리게 될 것이다. 지속적으로 관계를 이어 간다면 분명 마이너스라는 생각이 들기 마련이다. 예로부터 사람은 이치에 밝아야 하고 사리 분별이 분명해야 한다고 말했다.

"지엄하신 임금의 명을 중산보가 받들어 행하네. 나라의 잘한 일과 잘못한 일을 중산보가 밝히었네. 밝고 지혜롭게 처신하여 자기 몸을 보전하며, 밤낮으로 게으름 없이 오로지 한 분만을 섬기네."

《시경》〈대아〉에 나오는 시로, 주나라 선왕을 잘 보필한 명재상 중산보의 덕을 찬양하는 내용이다. 왕의 명령에 따라 제나라에 성을 쌓으러 가는 중산보를 윤길보가 전송하면서 지은 시이다. 중산보가 이치와 사리에 밝았음을 알게 한다. 그랬기에 왕으로부터 총애를 받는 명재상이 되었던 것이다.

"천하의 사리를 아는 것을 명철이라고 한다. 명철한 사람이야말로 진실로 법을 만든다."

《서경》〈열명〉에 나오는 말이다.

주자에 의하면 명明은 '이치에 밝은 것'을 뜻하고, 철哲은 '일을 살피는 것'이다. 즉 명철은 '사리에 밝음'을 의미한다. 보신은 이치에 따라 몸을 지키는 것이다. 이익을 좇거나 재앙을 피해 구차하게 몸을 보전함이 아니다. 명철이란 천하의 사리에 밝고 앞서서 깨닫는 사람을 이르며, 보신이란 '나오고 물러남에 있어 이치에 어긋나지 않음'을 이른다.

동서고금을 막론하고 이치에 밝고 사리가 분명한 사람은 자신의 유익을 위해 분별이 없는 일을 행하지 않았다. 탐욕에 눈이 어두운 자들은 이치에 어긋나고 사리에 벗어나 패가망신하였다. 인생을 행복하고 가치 있게 살고 싶다면 이치와 사리에 맞게 언행을 준수해야 한다.

036

보고도 정丁 자를 알지 못하다

목불식정
目不識丁

눈**목** 아니**불** 알**식** 고무래**정**

낫 놓고 기역 자도 모르는
일자무식을 가리키는 말이다.

출전《당서唐書》〈장홍정전張弘靖傳〉

가난한 가정 형편이나 피치 못할 여건 때문에 배우지 못한 것은 이해해도, 게으르고 배우기 싫어서 알지 못한다는 것은 이해하고 싶지 않다. 무식은 스스로를 깎아내리는 못나고 부끄러운 것이다. 무식은 모든 것이 다양화, 전문화된 현시대에 반한다.

'알아야 면장을 한다'는 우스갯말이 있다. 알지 못하면 자신에게 주어진 기회도 그대로 날려 보낼 확률이 높다. '아는 것은 힘'이라는 말은 매우 적확한 표현이다. 앎은 분명 힘이며, 힘을 기르기 위해서는 배워야 한다.

배움에는 시기가 없어 언제든지 배울 수 있다. 평생을 애써도 모자라는 것이 배움이다. 인간은 배우고 변화하기 위해 존재한다. 인간의 삶이란 항상 변하면서 지금보다 나은 삶을 꾀한다. 변하기 위해서는 끊임없이 배워야 하는 것이다.

당나라 헌종 때 장홍정이라는 사람이 있었다. 그는 부유한 집에서 자라 버릇이 없고 성품이 오만불손할 뿐만 아니라 방자하기가 그지없었다. 그의 부친인 장연상이 나라에 끼친 공적이 있어 순탄한 벼슬길에 나가게 되었다.

그러다 장홍정은 노룡의 절도사로 부임하였다. 제 버릇 개 못 준다는 말처럼 방자하게 굴며 부하들을 괴롭혔다. 그를 따라온 막료들도 군사들을 함부로 대하고 백성을 능욕하였다. 전임 절도사는 검소했고, 부하와 백성들을 함부로 여기지 않았다. 그러다 보니 여기저기서 불만이 터져 나왔다. 장홍정은 오히려 더욱 억압하며 다음과 같이 말했다.

"지금 천하가 태평한데 너희들이 무거운 활을 당겨 봤자 무슨 소용이냐? 차라리 고무래 정丁 자라도 아는 편이 더 낫다."

참다못한 군사들이 반란을 일으켜 중앙에서 파견된 막료들을 죽이고 장홍정을 잡아 가두었다. 소식을 들은 황제가 노하여 장홍정의 직책을 박탈하며 말했다.

"그놈이야말로 목불식정이로구나."

제대로 배우지 못한 장홍정은 함부로 부하들을 대하고 백성을 능욕하다가 관직을 박탈당했고 만천하에 조롱거리가 되었다. 배우지 못했으면 성품이라도 좋으면 되거늘, 장홍정은 그마저 오만방자했다고 한다. 앎과 무식은 하늘과 땅 차이만큼 크다. 앎은 자신을 명예롭게 하지만, 무식은 자신을 수치스럽게 만든다.

목불식정과 비슷한 말로 '일자무식一字無識'과 '불학무식不學無識'이 있다.

037

미생의 신의

미생지신
尾生之信

꼬리 **미** 날 **생** 갈 **지** 믿을 **신**

신의가 두텁고 우직하여
융통성이 없음을 뜻하는 말이다.

출전 《장자莊子》 〈도척盜跖〉

신의가 두터운 사람은 약속을 소중히 한다. 그로 인해 어려움에 처하기도 하고, 목숨을 잃기도 한다. 신의를 위해 꾀를 부리거나 융통성을 부리지 않기 때문이다. 이를 어찌 미련하다고만 할까. 오히려 높이 사고 스스로 행함이 마땅하다 하겠다.

노나라에 미생이라는 사람이 있었다. 그는 평범한 시골 젊은이로 학식이 많지는 않았지만 신의와 의리, 약속을 소중히 여겼다.

미생에게 목숨보다 사랑하는 여인이 생겼다. 그는 여인만 생각하면 일을 하다가도, 밥을 먹다가도, 자리에 누워서도 저절로 미소가 지어졌다. 여인은 그에게 전부였다. 그는 어떻게 하면 사랑하는 여인을 행복하게 해줄까 생각하며 즐거운 상상에 빠지곤 했다.

미생은 여인과 행복하게 사는 모습을 꿈꾸며 열심히 일한 끝에 집도 한 채 장만하였다. 낮에는 열심히 일하고, 밤에는 먼 길을 걸어가 여인을 만나 행복한 시간을 보냈다. 여인을 사랑하는 감정은 점점 더 깊어져만 갔다.

어느 날 미생은 여인의 동네에 있는 다리 밑에서 만나기로 약속했다. 그는 여인과 만날 날을 그리며 열심히 일했다. 드디어 약속한 날이 되었다. 야속하게도 천둥 번개가 치며 장대 같은 비가 내렸다. 그는 장대비에도 아랑곳하지 않고 여인을 만나러 길을 떠났다.

미생은 다리 밑에서 여인이 오기를 기다렸다. 여인은 만날 시간이 지났는데도 오지 않았다. 그는 여인을 기다리며 다리 밑에서 꼼짝도 안 했다. 비는 점점 더 거세게 퍼부었다. 굵어진 빗줄기는 거센 물줄기로 변해 그가 있는 다리로 흘러내렸다. 물이 불어 다리까지 차도 그는 여인을 기다렸다. 위험을 느꼈지만 여인과의 약속을 지키기 위해 자리를 지켰다.

결국 불어난 물에 휩쓸려 미생은 죽고 말았다. 여인은 폭우가 내리자 그가 나오지 않으리라 생각하고 약속 장소에 나가지 않았던 것이다.

하나뿐인 목숨을 잃은 미생의 행동은 어리석기 짝이 없다. 비가 와서 물이 차면 위로 올라와서 기다려도 될 텐데, 끝까지 다리 밑에서 기다렸다. 한편으로는 우직하고 신의와 약속을 중히 여기는 사람이라고 할 수 있다. 어지러운 세상에는 미생과 같은 사람이 필요하다. 비록 미생지신이라는 말은 부정적인 뜻으로 쓰이지만, 신의와 우직은 반드시 필요한 마인드이다.

038

널리 알지만 정통하지는 못하다

박이부정
博而不精

넓을 **박** 말 이을 **이** 아닐 **부** 자세할 **정**

널리 알지만 깊이가 얕고
세밀하지 못함을 의미한다.

출전 《후한서後漢書》 〈마융열전馬融列傳〉

무언가를 깊이 알다와 대충 알다는 큰 차이가 있다. 깊이 알면 지식을 자기화하여 새로운 지식을 창조할 수 있지만, 대충 알면 그냥 흉내만 낼 뿐이다.

현대 사회는 다양하고 복잡 미묘하다. 현대 사회에서 보다 윤택하고 유기적으로 살아가기 위해서는 다양한 분야의 상식을 갖추어야 한다. 대충 알기보다는 깊이 아는 것이 중요하다.

그래야 필요에 따라 상황에 맞게 적용시켜 나갈 수 있다.

동한 때 경학가로 이름난 정중이란 이가 있었다. 경전을 깊이 연구하고 학문이 뛰어나 명성이 자자하였다. 정중의 재능을 존경한 황태자 유강과 산양왕 유형이 양송을 시켜 많은 재물로 정중의 마음을 사게 하였다. 정중은 양송이 찾아온 이유를 알고는 거절하였다.

"황태자께서는 제위를 계승할 분이고, 산양왕께서는 제후이십니다. 규정에 따라 사사로이 내왕하지 못합니다. 명에 따를 수밖에 없으니 용서해 주십시오."

양송은 정중에게 화를 내었지만 굴하지 않고 계속 거절하였다. 양송이 돌아와서 태자와 산양왕에게 사실대로 말했다. 태자와 산양왕은 정중이 단호하게 거절하는 바람에 포기해야만 했다.

몇 년 후 정중은 벼슬길에 나서 여러 공적을 쌓았다. 정중은 관직 생활 틈틈이 경서 연구에 몰두하여《춘추좌씨전》에 주석을 달았다. 이 책은 나오자마자 널리 전해졌다. 마침 가규라는 학자도《춘추좌씨전》에 주석을 가한 책을 완성하였다.

당시 마융은 재주가 뛰어나고 박식한 유학자로 명성이 높았다. 그도《춘추좌씨전》을 연구하여 주석을 준비하였다. 그는 정중과 가규의 책을 읽고 다음과 같이 언급하였다.

"가규의 주석은 자세하나 넓지 못하고, 정중의 주석은 넓으나 자세하지 못하다. 두 주석본을 합친다면 정밀하고 넓게 될 것이다. 내가 또 무슨 주석을 더하겠는가."

다방면으로 알아도 대충 안다면 별 도움이 되지 않는다. 도움이 되지 않는 '앎'은 효용 가치가 없다. 삶에 도움이 되려면 폭넓고도 깊게 알아야 한다.

039

명재상에게 붙어 자리 보존하는 무능한 재상

반식재상
伴食宰相

짝 **반** 먹을 **식** 재상 **재** 서로 **상**

자리만 차지하고 있는
무능한 대신을 비꼬아 하는 말이다.

출전 《당서唐書》 〈노회신전盧懷愼傳〉

우리나라 정치판을 보면 밥값 못 하는 정치꾼이 부지기수다. 말은 어찌나 많은지, 보는 사람들은 실소를 금할 수 없다. 어떤 때는 도가 지나쳐 단상에 올라가 당장이라도 목덜미를 잡고 끌어내리고 싶다.

밥값도 못 하면서 때가 되면 제 몫을 챙기는 사람이 있다. 이런 사람의 가장 큰 특징은 능력도 없으면서 말은 많다는 것이다. 힘 있고 유능한 동료 곁에 빌붙어 아부나 떨며 눈 밖에서 벗어나지 않으려는 한심한 작태를 일삼는다.

어디 정치판뿐이랴. 공무원 세계든, 직장인 세계든, 다른 어떤 세계든 밥값을 제대로 하지 못하는 사람이 있다. 이런 사람이 많을수록 발전에 걸림돌이 된다.

6대 황제인 현종을 보좌하며 당나라 최고의 전성기를 펼친 요숭이란 유능한 재상이 있었다. 비록 현종이 양귀비에 얽힌 일로 나라를 망친 황제로 알려져 있지만, 즉위 초에는 요숭의 충고에 따른 개혁 정책으로 민심을 안정시키고 나라를 발전시켰다. 요숭은 업무를 처리함에 있어 어느 재상도 따르지 못할 정도로 빠르고 깔끔했다.

재상 노회신은 청렴결백하고 검소하고 근면한 사람이었다. 재산을 늘리기보다 어려운 백성들에게 나눠 줘서 딸린 식솔들이 힘들어하기도 했다. 일 처리가 느리고 서툴렀으나 민심을 잘 파악하고 다독일 줄을 알았다.

하루는 요숭이 10여 일간 정무를 놓고 휴가를 가야 했다. 업무를 노회신에게 맡겼는데, 요숭처럼 빠르고 정확하게 처리하지 못해 많은 지장을 초래했다. 노회신은 자신의 능력이 요숭보다 못함을 알고 이후 모든 일을 요숭에게 물어보고 처리하였다. 이때부터 사람들은 노회신을 일러 '자리만 차지하는 무능한 재상'이라고 조롱하였다.

능력이 없으면서 능력 있는 사람에게 빌붙어 자리를 보존하는 것은 부끄러운 일이다. 밥값을 제대로 하려면 절치부심 노력해서 능력을 길러야 한다. 능력 없이 밥만 축내는 것은 비생산적이고 아무 가치가 없음을 알아야 한다.

반식재상과 같은 뜻으로 '반식대신伴食大臣', '상반대신相伴大臣'이 있다.

040 근본을 뽑아내고 근원을 막다

발본색원
拔本塞源

뽑을 **발** 근본 **본** 막힐 **색** 근원 **원**

폐단의 근원이 되는 요인을
아주 없애 버리는 것을 이른다.

출전《춘추좌씨전春秋左氏傳》〈소공구년昭公九年〉

거대한 댐을 무너뜨리는 것은 손톱만 한 작은 구멍이다. 작은 구멍을 방치하다 보면 점점 커져서 수압을 견디지 못하고 댐이 무너지고 만다. 가시에 박힌 손가락을 그냥 두면 곪는데, 심하면 수술까지 받아야 한다. 사소하다고 방치하거나 무시하면 결국 대가를 치른다. 작고 사소해도 그냥 지나쳐서는 안 된다. 특히 문제가 있는 것은 더욱 그렇다. 문제가 커지면 걷잡을 수 없는 일이 발생하니 사전에 막아야 한다.

정부든, 기업이든, 교육이든, 정치든, 군대든 그곳이 어디라 할지라도 기강을 흐트러뜨리거나 존재 자체를 위협하는 근원은 애초에 뿌리를 뽑아 버려야 한다. 그렇지 않으면 두고두고 악재가 따르고 끝내는 큰 재앙에 직면한다.

주나라와 진나라가 작은 땅을 사이에 두고 서로 차지하려고 다투었다. 먼저 진나라 왕이 군대를 보내 주나라를 공격하였다. 주나라 왕이 진나라에 사신을 보내 다음과 같이 말하였다.

"지금 우리와 그대는 군신 관계로, 마치 옷에 갓을 갖추는 것과 같다. 나무에 뿌리가, 물에 수원이 있어야 하듯 백성들에게는 지혜로운 임금이 있어야 한다. 만일 갓을 찢어 버리고 뿌리를 뽑고 수원을 막으며 임금을 버린다면 비록 오랑캐라도 나를 우습게 볼 것이다."

주나라 왕의 '뿌리를 뽑고 수원을 막으며'라는 말은 아예 문제가 되는 근원의 싹을 잘라 없애 버리는 발본색원을 뜻한다.

인류의 모든 재앙이나 잘못은 반드시 근원적인 문제가 생겼기 때문이다. 불미스러운 일로 어려움에 직면하지 않으려면 원인을 사전에 뿌리 뽑아야 뒤탈이 없는 법이다.

041

힘은 산을 뽑고 기상은 세상을 덮다

발산개세 拔山蓋世

뽑을 **발** 메 **산** 덮을 **개** 세상 **세**

아주 뛰어나고 높은 기백을 이르는 말이다.

출전 《사기史記》〈항우본기項羽本紀〉

하늘을 찌를 듯한 기상과 기백은 보는 이들로 하여금 의욕을 갖게 만든다. 높은 기상과 기백은 참 긍정적인 자세이다. 자신이 세운 목표를 달성하거나 어떤 일을 하는 데 있어 기상과 기백이 살아 넘친다면 성공할 확률이 그만큼 크다.

기상과 기백이 없다면 보는 사람도 맥이 빠지고 스스로도 자신감을 가질 수가 없다. 그런 마음으로는 어떤 것도 해내지 못한다. 정신력이 강해야 한다. 정신력이 강한 사람은 기상과 기백이 살아 넘친다. 기상과 기백은 마음가짐, 즉 정신력에서 오기 때문이다.

진시황제가 중국 최초로 통일을 이루지만, 기간이 고작 13년밖에 안 된다. 그가 죽자 진나라는 곳곳에서 군웅들이 활개치며 패왕을 꿈꾸는 혼돈 속에 다시 빠져들었다. 진승과 오광을 비롯한 군웅들이 활개를 치며 들고 일어났지만, 최후까지 남은 사람은 한나라의 유방과 초나라의 항우이다. 둘의 싸움은 늘 항우가 우세에 있었고, 유방은 쫓기는 입장이었다.

항우는 기상과 기백이 뛰어난 반면 포용력이 부족하고 난폭했다. 유방은 여러 면에서 항우에게 뒤쳐졌으나 참모들의 말을 귀담아 들을 줄 아는 포용력이 뛰어났다. 유방에게는 지략의 귀재 장량과 뛰어난 장수 한신, 장량 못지않은 지략을 지닌 소하가 있었다.

둘은 오랜 싸움 끝에 마지막 싸움터인 해하에서 맞붙었다. 장량의 전략에 따라 한신이 이끄는 병력이 마침내 항우가 이끄는 병력을 완전히 포위했다. 사면초가로 진퇴양난에 빠진 항우는 자신의 운명이 다했음을 직감하고는 장수들과 마지막 만찬을 열었다. 술을 몇 잔 마시고 난 항우는 비분강개의 마음을 시로 읊었다.

"힘은 산을 뽑을 만하고 기운은 세상을 덮을 만한데/ 때가 불리하니 추마저 가지 않는구나/ 추마저 가지 않으니 난들 어찌하겠는가/ 우미인아, 우미인아, 너를 어찌하면 좋단 말이냐."

'추'는 항우가 타던 오추마를 뜻한다. 항우의 시를 듣고 애첩 우미인은 자신의 심정을 담아 화답하는 시를 남기고는 그 자리에서 자결했다. 그토록 사랑하는 우미인을 먼저 보낸 항우 또한 오강에 몸을 던져 자결하고 말았다.

'발산개세'는 항우의 시 〈해하가垓下歌〉의 '역발산기개세力拔山氣蓋世'에서 온 말이다. 힘과 무예로는 항우를 따를 장수가 없을 만큼 기상과 기백이 출중했다. 반면 어질지 못하고 덕이 부족했다. 유방은 힘으로는 절대 항우의 적수가 되지 못했다. 대신 사람을 포용하고 받아들일 줄 아는 덕이 있었다. 결국 덕과 힘의 싸움은 덕의 승리로 끝이 났다. 가장 이상적인 군왕은 덕과 힘을 고루 갖춘 군왕이라고 하겠다.

042

주위에 사람이 없다고 여기다

방약무인

傍若無人

결 **방** 같을 **약** 없을 **무** 사람 **인**

다른 사람을 전혀 의식하지 않고
제멋대로 행동하는 것을 이르는 말이다.

출전 《사기史記》 〈자객열전刺客列傳〉

옆에 사람이 있든 말든 제멋대로 구는 이들이 있다. 아무 곳에서나 담배를 피우다 제지하는 단속원에게 입에 담지 못할 욕을 퍼붓는가 하면, 많은 사람들이 이용하는 놀이 공원에서 고성방가를 일삼는다. 주차를 잘못하여 이의를 제기하는 사람에게 미안하다고 말하기는커녕, 무엇이 잘못되었느냐고 되레 따지고 화를 내는 사람도 있다.

자신이 무엇을 잘못했는지조차 모르는 사람들을 보면 대체 머릿속에 무엇이 들어 있을까 하는 의문이 들곤 한다. 마치 아무것도 모르는 철부지 어린아이 같다. 때와 장소를 가리지 않고 하고 싶은 대로 하는 만행은 묵인되어서도 안 되고 행해서도 안 된다. 주변의 모든 사람들에 대한 방자함일 뿐이다. 우리 사회는 수많은 사람들이 모여 이룬 공동 사회이다. 자신이 하고 싶은 대로만 하면 공동 사회의 기강을 뒤흔들게 된다. 윤리적으로나 도덕적으로 반하는 행위이다.

위나라에 형가라는 사람이 있었다. 그는 문무를 겸비한 자로 정치에 뜻을 두고 있었다. 그는 뜻을 펼치기 위해 원군을 찾아가 국정에 대한 자신의 생각을 말하고 중용을 간곡히 청하였다. 원군은 그의 청을 거절하였다. 상심한 그는 위나라를 떠나 뜻을 펼칠 나라를 전전하였다. 그는 뜻이 맞는 현인과 호걸을 사귀며 기회를 엿보았지만 기회를 잡기란 쉽지 않았다.

연나라로 간 형가는 거문고의 일종인 축의 고수인 고점리를 알게 되었다. 그들은 생각이나 뜻이 잘 맞아 금방 친한 친구가 되었다. 둘은 만나기만 하면 술을 마셨다. 고점리는 축을 타고, 형가는 음악에 맞춰 춤을 추며 신나게 떠들어 댔다. 그러다 자신들의 신세가 처량하다고 느끼면 얼싸안고 엉엉 울기도 하고 큰 소리 웃기도 했다. 마치 주위에 아무도 없다고 여기는 둘의 형색에 주변 사람들이 눈살을 찌푸렸다. 그래도 전혀 개의치 않고 자신들이 하고 싶은 대로 했다.

그러던 중 형가는 연나라의 태자 단丹으로부터 진시황제를 암살해 달라는 부탁을 받고 암살을 시도했지만 실패하고 말았다.

형가와 고점리의 행위가 자신에게는 타당했을지라도 주변 사람들에게는 꼴불견과 같았다. 지금 우리 사회는 방약무인한 이들로 인해 연일 시끄럽다. 마음에 들지 않는다고, 원하는 대로 해주지 않는다고 백화점 직원을 무릎 꿇게 하고 제멋대로 행동하는 갑질 고객들은 대체 무슨 생각을 갖고 사는지 이해할 수가 없다. 그처럼 오만하고 방자한 언행은 자신을 위해서라도 당장 멈춰야 한다.

방약무인과 비슷한 말로는 '안하무인眼下無人'이 있다.

043 물을 등지고 진을 치다

배수지진
背水之陣

등배 물수 갈지 진칠진

더는 물러설 수 없어 위험과 죽음을 무릅쓰고 전력을 다함을 의미한다.

출전《사기史記》〈회음후열전淮陰侯列傳〉

삶이 원하는 대로 되어 준다면 얼마나 좋을까. 그런 삶이야말로 최상의 삶이 아닐까. 사실 인생을 살아가다 보면 뜻하지 않은 일로 곤혹을 치르는 경우가 있다. 삶의 끝자락까지 밀려나 더는 갈 데 없는 순간을 맞이할 때도 있다. 이때 사람들은 한 번쯤 세상과의 이별을 생각한다. 물론 개중에 일부는 정말로 세상과의 인연을 끊기도 한다.

대부분의 사람들은 다시 살아갈 궁리를 한다. 아예 죽기 살기로 결단하는 사람도 있다. 뒤에는 천 길 낭떠러지가 있다거나, 깊은 강이 있다고 여기고 마지막이 될지도 모를 인생을 거는 것이다. 인생의 마지막 순간을 극복하고 성공한 사람도 있다.《돈키호테》의 작가인 세르반테스,《실낙원》의 작가인 존 밀턴, 불후의 명곡 〈메시아〉의 작곡가인 헨델이 그러했다. 그들은 힘든 고비에서 배수진을 치고 다시 회생하여 최고의 인생으로 만들었다.

한나라 유방이 명장 한신에게 조나라를 치라고 명하였다. 조나라는 20만 대군을 동원하여 한신이 이끄는 군대와 대치하였다. 조나라로 향하는 길목에는 깊은 골짜기가 있었다. 조나라는 골짜기 입구 쪽에 성채를 탄탄하게 구축하고 방어선을 폈다. 조나라의 책사 이좌거가 재상 진여에게 한나라 군사가 골짜기를 지날 때 공격하자고 말했으나 듣지 않았다.

이좌거의 건의를 첩자에게 전해 들은 한신은 서둘러 골짜기를 지나다 출구를 십여 리 남기고 행군을 멈추었다. 밤이 깊어지자 이천 명의 기병을 조나라의 성채 뒷산에 매복시키기로 하고 장수에게 말했다.

"내일 전투에서 본대는 거짓으로 패한 척하고 도주할 것이다. 그때 적이 비운 성채를 점령하고 한나라 깃발을 세우라."

한신은 일만 여 군사를 골짜기 쪽으로 보내 강을 등지고 진을 치게 하였다. 자신은 본대를 이끌고 성채를 향해 나갔다. 날이 밝자 한나라 군대가 조나라 군대를 향해 진격하였다. 조나라 군대가 싸우기 위해 성채에서 나왔다. 두세 차례 접전 끝에 한나라 군대는 퇴각하여 강가에 진을 치고 있던 군대와 합류하였다. 승기를 잡았다고 생각한 조나라 군대는 맹렬히 추격하였다. 그 틈을 타 매복했던 한나라 기병이 성채를 점령하고 깃발을 꽂았다.

강을 등지고 진을 친 한나라 군대는 죽기를 각오하고 필사적으로 싸웠다. 조나라 군대는 퇴각했으나, 성채에는 이미 한나라 깃발이 꽂혀 있어 전의를 상실하고 말았다. 한나라의 대승이었다. 축하연에서 장수들이 배수진을 친 이유를 한신에게 물었다.

"우리 군사들은 급히 편성된 오합지졸이 아닌가. 이런 군사는 사지에 두어야만 필사적으로 전투에 임하는 법일세. 그런 까닭에 강을 등지고 진을 쳤네."

인생의 최후 순간에도 배수진을 치고 세상과 결사 항전한다면 반드시 승리한다.

044

백 번 듣기가 한 번 보기만 못하다

백문불여일견
百聞不如一見

일백**백** 들을**문** 아니**불** 같을**여** 한**일** 볼**견**

여러 번 말로 들어도 눈으로
한 번 보기만 못하다는 의미이다.

출전《한서漢書》〈조충국전趙充國傳〉

이론과 실제 중 어느 것이 우위를 점하느냐는 논란은 별로 의미가 없다. 이론과 실제는 언제나 함께해야 가치를 제대로 평가받는다. 이론은 말 그대로 어떤 사물이나 이치를 학문적인 논리로 정리한 것이다. 실제는 이론을 바탕으로 적용시키는 체험적 행위를 의미한다.

이런 관점에서 어떤 사실이나 사물에 대해 아무리 많은 이야기를 듣는다 해도 어디까지나 이론에 불과하다. 본인이 실제 눈으로 보면 직접적인 경험이 된다. 자신의 관점에서 파악하여 깊이 있는 믿음을 갖거나, 반대적인 관점에서 판단한다. 눈으로 본다는 것은 실제이다. 아무리 많이 듣는다 해도 눈으로 보기에 미치지 못하는 것은 지극히 당연하다.

전한의 9대 황제인 선제 때 서북 변방에 근거를 둔 티베트 혈족인 강족이 자주 침입하여 약탈을 일삼았다. 강족을 막기 위해 선제는 토벌군의 장수로 누구를 보낼까 생각했다. 선제는 어사대부 병길에게 누가 좋을지 조충국에게 물어보라고 시켰다.

조충국은 젊어서부터 여러 차례 흉노와의 싸움에 나서 많은 공을 세운 명장이었다. 하지만 지금은 76세의 노장이었다. 병길의 질문을 듣고 조충국은 자신이 나가서 싸우겠다고 말했다. 병길은 그의 나이가 고령이라 망설였다. 조충국은 자신을 황제에게 데려가 달라고 했다. 자신을 보내 달라는 조충국의 간청을 들었으나, 선제 역시 선뜻 결정을 내리지 못하였다.

"그대의 충정과 능력은 능히 알고 있소. 허나 지금 나이가 76세나 되질 않소?"

조충국은 결연한 의지로 말했다.

"폐하, 물론 저는 젊은 장수처럼 날래지는 않습니다. 대신 그들에게는 없는 경험이 있습니다. 오랑캐를 물리치는 전략을 저만큼 잘 아는 사람도 드물 것입니다. 그러니 소장을 보내 주십시오."

선제는 조충국을 적임자로 임명하면서 토벌군 군사가 얼마나 필요하며, 전략은 무엇인지 물었다.

"백문불여일견입니다. 제가 직접 가서 상황을 살펴보고 말씀드리겠습니다."

조충국은 직접 강족이 사는 곳으로 잠입하여 지형과 정세를 살핀 후 전략을 세웠다. 조충국의 전략은 화친을 맺어 경계심을 풀게 한 후 내분을 일으키는 것이었다. 조충국은 전략대로 시행하였다. 강족은 화친으로 위기감에서 벗어나자 서로 내분을 일으키고 말았다. 그 틈을 이용해 조충국은 강족을 쉽게 이겼다.

삶에 있어서 경험이 얼마나 중요한지를 잘 보여 준다.

045

백 번 꺾일지언정 휘어지지 않다

백절불요
百折不撓

일백 **백**　꺾일 **절**　아니 **불**　휠 **요**

어떤 어려움과 시련에도 굽히지 않는 불굴의 정신을 의미한다.

출전 《채중랑집蔡中郞集》〈태위교공비太尉橋公碑〉

인생에서 강한 의지는 반드시 갖춰야 할 마인드이다. 인생을 살아가다 보면 수많은 일에 봉착한다. 기뻐하고 분노하고 슬퍼하고 즐거워하는 반복 속에서 삶은 영글어 간다. 시련과 역경을 만나면 삶을 고통스럽게 생각하게 된다. 고통이 지나쳐 한계에 부딪히면 절망하고 좌절한다. 이럴 때 강한 의지는 한 사람의 인생을 완전히 바꾸어 놓을 만큼 중요하다.

시련과 역경의 터널에서 빠져나오려면 강한 의지로 밀고 나가야 한다. 강한 의지가 없다면 어떻게 될까. 불을 보듯 뻔하다. 백 번 쓰러지더라도 백 번 일어나는 강한 의지만 있다면 어떤 시련과 역경도 물리친다.

후한 시대 교현은 청렴하고 강직했으며, 언제나 옳지 않은 일과 맞서 싸웠다. 젊은 시절 현에서 근무할 때는 외척 양기의 비호를 받던 진왕의 재상 양창의 죄를 적발한 적이 있다. 한양 태수로 있을 때는 현령 황보정이 횡령죄를 범하자 즉각 사형에 처했다. 영제 때 성서령이 되었는데, 이때 태중대부 개승이 황제와 가깝다는 것을 믿고 백성을 착취하였다. 교현이 개승을 옥에 가두고 뇌물로 받은 재산을 몰수하라고 황제에게 소를 올렸다. 황제가 듣지 않고 개승의 벼슬을 높여 주었다. 황제에게 실망한 교현은 병을 핑계로 사직하였다.

하루는 아들이 혼자 밖에서 놀다가 강도 세 명에게 납치를 당했다. 양구라는 장수가 즉시 군사들을 이끌고 구출하러 갔지만, 교현의 아들이 다칠까 두려워 더 이상 어쩌지 못하고 있었다. 교현은 아들을 살리려면 돈을 내놓으라는 강도의 말에 응하지 않고 출동한 관병들에게 소리쳤다.

"어서 잡지 않고 무엇들 하느냐! 강도가 날뛰는데 내가 어찌 자식의 목숨이 아까워 도적을 따르겠느냐!"

강도는 잡혔으나 안타깝게도 아들은 죽고 말았다.

교현은 조조가 아직 힘이 없을 때 만난 적이 있었다. 그는 조조의 뛰어남을 알아보고 격려해 주었다.

"지금 세상이 어지러워지고 있다. 백성을 살리는 것은 당신에게 달려 있다."

조조는 자신을 알아주는 교현에 감격하였다. 훗날 교현의 무덤에서 후하게 제사를 지내 주곤 했다.

같은 시대 채옹이 교현을 위하여 지은 비문 〈태위교공비〉에 '유백절이불요有百折而不撓 임대절이불가탈지풍臨大節而不可奪之風'이라 적었다. '백 번 꺾일지언정 휘어지지 않으며, 큰 절개에 임해서는 빼앗지 못할 풍도를 지녔다'라는 뜻이다.

강직하고 의지가 강한 사람은 어떤 일에도 흔들리지 않는다. 백 번 꺾일지언정 휘어지지 않는 강한 의지와 근성을 지니면 어떤 불의에도 굴하지 않고 소신대로 밀고 나간다. 마침내 자신이 원하는 것을 이루고 만다.

백절불요와 비슷한 말로는 '백절불굴百折不屈', '불요불굴不撓不屈'이 있다.

046

첫 번째 아니면 두 번째 형세

백중지세

伯仲之勢

맏 **백** 버금 **중** 갈 **지** 형세 **세**

인물, 기량, 지식이 서로 엇비슷해
우열을 가릴 수 없음을 의미한다.

출전 《전론典論》

어떤 분야든 발전하고 도약하기 위한 자극제 중 가장 자연스러운 것은 '경쟁'이다. 실력이나 능력이 엇비슷하면 가장 효과적이다. 실력이나 능력이 엇비슷하면 지기 싫어하는 것이 보편적인 사람의 심리이다.

모든 조건이 비슷한 상황에서 자칫 실수를 하거나 노력이 부족하면 상대에게 뒤처질 것이 빤하다. 그걸 알면서도 노력을 게을리하거나 실수를 한다면 스스로 포기하는 것과 같다. 따라서 가장 이상적인 구도는 실력이나 능력이 엇비슷한 상대끼리의 경쟁이다. 우열을 가릴 수 없는 상황에서 벌이는 경쟁은 스릴이 넘친다.

위나라의 초대 황제 조비는《전론》이란 책을 저술하였다. 조비는 한나라의 대문장가인 부의와 반고의 문장에 대해 논하면서 우열을 가릴 수 없다는 뜻으로 다음과 같이 말했다.

"문인상경文人相輕 자고이연自古而然 부의지어반고傅儀之於班固 백중지간이伯仲之間耳."

'문인들이 서로를 경시함은 예로부터 행해져 왔다. 부의와 반고의 실력은 백중지간이다'라는 뜻이다. 여기서 우열을 가릴 수 없다는 '백중지간'이 유래했다. 현재는 백중지간보다는 백중지세라는 용어가 더 자주 쓰인다.

백伯과 중仲은 원래 형제를 구별하여 부르던 말이다. 맏형을 백伯, 둘째를 중仲, 셋째를 숙叔, 막내를 계季라고 한다. 형제는 보통 외모나 품성이 비슷한 편이라 누가 낫고 못한지를 가리기 어렵기 마련이다.

경쟁이 아닌 삶은 없다. 경쟁으로 인해 인간의 삶은 지금보다 나은 길로 나아간다. 경쟁은 당연한 삶의 패턴이다. 경쟁을 두려워하면 삶에 끌려간다. 인생을 좀 더 가치 있게 살고 싶다면 끌려가지 말고 끌고 가야 한다.

백중지세와 비슷한 뜻으로는 '누구를 형이라 하고 아우라 할지 분간하기가 어렵다'란 뜻의 '난형난제難兄難弟', '더 낫고 못함의 차이가 없다'란 뜻의 '막상막하莫上莫下'가 있다.

047 백아가 거문고 줄을 끊다

백아절현
伯牙絶絃

맏 백 어금니 아 끊을 절 줄 현

자기를 알아주는 참다운 벗을
잃은 슬픔을 비유하여 이르는 말이다.

출전 《열자列子》〈탕문湯問〉

'친구는 제2의 자신'이라고 하듯 인생에서 절대적으로 필요한 존재이다. 눈빛만 봐도 무엇을 말하려는지, 무엇을 원하는지 알 정도의 친구라면 반드시 곁에 두어야 한다. '친구 따라 강남 간다'는 말도 친구의 중요성을 잘 말해 준다.

그렇다고 친구가 다 좋은 것은 아니다. 친구 중에도 반드시 있어야 할 친구가 있고, 반드시 멀리해야 할 친구도 있다. '익자삼우益者三友'라는 말이 있다. 사귀면 이로운 세 친구를 말한다. 정직한 친구, 신의가 있는 친구, 학식이 있는 친구이다. 반대로 '손자삼우損者三友'도 있다. 사귀면 손해를 끼칠 세 가지 유형의 친구를 말한다. 성실하지 못한 친구, 착하기만 하고 줏대가 없는 친구, 공정하지 못하고 불의한 친구를 말한다. 익자삼우는 많을수록 좋지만, 손자삼우는 하나도 보탬이 되지 않는 나쁜 친구다.

춘추 전국 시대 진나라에서 벼슬을 지낸 유백아는 거문고를 잘 연주하였다. 그의 친구 종자기는 백아의 연주 듣기를 무척이나 좋아했다. 친구가 거문고 뜯는 소리를 들으면 세상 부러울 것이 없었다. 백아가 높은 산을 오르는 듯 기품 있게 연주를 하면 종자기가 가만히 듣다가 이렇게 말했다.

"하늘 높이 우뚝 솟는 느낌이 마치 태산처럼 웅장하구나."

백아는 또한 고요하게 흐르는 물을 생각하며 연주하기도 했다.

"아주 훌륭해! 물결이 출렁이는 것이 마치 황하와 같구나."

종자기는 백아의 연주를 높이 평가하며 마음을 정확히 읽었다.

하루는 백아와 종자기가 산으로 놀러 갔다가 갑자기 소나기를 만나 바위 아래에 머물게 되었다. 백아는 슬픈 감정에 사로잡혀 연주를 했다. 처음에는 비가 내리는 곡조를 타다 다시 산이 무너지는 가락으로 이어 나갔다. 종자기는 연주의 흐름을 정확히 짚어 말했다. 감동한 백아는 자신의 심정을 말했다.

"자네가 나의 뜻을 이리도 깊이 알아주는군. 정말 내 마음과 같네. 내 음악을 알아주는 이가 세상에 어디 또 있겠는가."

어느 날 종자기가 병으로 세상을 떠나고 말았다. 자신의 음악을 들어 줄 종자기가 없음을 크게 슬퍼하고 상심하던 백아는 거문고의 줄을 끊어 버리고 다시는 연주를 하지 않았다.

자신의 음악을 알아주던 친구의 죽음이 얼마나 애통하고 괴로웠으면 거문고의 줄을 끊고 다시는 연주를 하지 않았을까. 생각해 보면 참다운 친구는 자신을 알아줄 때 진정으로 빛난다는 사실을 알 수 있다.

백아절현과 비슷한 말로는 '자신의 가치와 속마음을 알아주는 참다운 친구'라는 뜻의 '지기지우知己之友'가 있다.

048 싸움에서 항상 있는 일

병가상사
兵家常事

군사**병** 집**가** 항상**상** 일**사**

싸움에서 이기기도 하고 지기도 하듯이 성공과 실패에 개의치 말고 최선을 다하라는 뜻이다.

출전《당서唐書》〈배도전裵度傳〉

성공과 실패는 종이 한 장 차이라는 말이 있다. 성공과 실패는 그 거리가 그다지 멀지 않다. 상황에 따라 성공이 될 수도 있고 실패가 될 수도 있다. 그러니까 실패해도 너무 상심할 필요가 없고, 기가 꺾이지 않아도 된다. 다시 시작하면 되니까 말이다.

어떤 사람은 실패하면 절대 안 된다고 생각하거나, 자신이 못나서라고 상심하기도 한다. 실패는 성공하기 위해 반드시 겪어야 할 과정이라고 생각하면 두려움과 걱정에서 벗어나 다시 목표를 향해 나갈 수 있다.

현대 모든 최첨단 물질 문명은 실패를 거듭한 끝에 생성된 결과물이다. 많은 과학자나 발명가들이 실패를 두려워하여 포기했다면 지금의 물질 문명은 존재할 수 없다. 그들은 수많은 실패에도 포기하지 않고 끝까지 최선을 다한 끝에 성공을 이룬 것이다. 그들의 의지가 고맙고 존경스러울 따름이다.

사람은 누구나 실패를 한다. 실패하니까 사람이다. 실패는 아주 자연스러운 일이다. '병가상사'란 실패를 두려워하지 말라는 말이다.

당나라 헌종은 궁중의 환관과 지방 절도사를 비롯한 여러 난제들로 인해 국운이 쇠약해질 대로 쇠약해진 상황에서 즉위하였다. 헌종은 개혁을 통해 국정을 탄탄히 다지기 위해 문제가 되었던 환관과 절도사의 규율을 엄격히 통제하였다.

그러던 중 반란을 일으킨 회서 지방의 절도사 오원제와의 싸움에서 장수 배도가 패하고 돌아왔다. 대신들은 오원제를 두려워하여 그만 싸움을 멈추자고 간언하였다.

"폐하, 지금 상황에서 더 이상의 싸움은 무리가 될 수 있습니다. 싸움을 멈춤이 합당한 줄 압니다."

"무슨 소리요. 싸움을 여러 번 하다 보면 이길 수도 있고 질 수도 있소. 한 번 졌다고 포기하면 대의를 이룰 수 없소이다. 나는 싸움을 계속할 것이오. 그러니 더 이상 거론하지 말기 바라오."

헌종은 대신들의 뜻을 누르고 계속해서 개혁의 의지를 불태웠다. 대신들은 더 이상 반대하지 않고 헌종의 뜻을 따랐다. 헌종의 의지를 꺾을 수 없음을 알았기 때문이다. 헌종은 강한 의지로 개혁을 추진한 끝에 국력을 쇠퇴하게 한 난제들을 해결하여 강력한 권위를 세울 수 있었다.

삶은 성공과 실패의 반복에서 더욱 탄탄하게 영글어 간다. 성공은 크게 기뻐할 일이지만, 실패했다고 좌절할 것은 아니다.

049

우레 소리에 맞춰 함께하다

부화뇌동
附和雷同

붙을 **부** 화할 **화** 우레 **뇌** 같을 **동**

자신의 주관 없이 남이 하는 대로
따라 하는 행동을 의미한다.

출전 《예기禮記》 〈곡례曲禮〉

자신의 주관과 의지 없이 행동하는 사람을 많이 본다. 특히 십대나 젊은이 가운데 많다. 물론 중장년이나 그 이상의 연령층에서도 종종 보인다. 주관과 의지 없이 남이 하는 대로 따라 행동하다 보면 주체성이 결여됨은 물론, 삶의 가치관도 제대로 지니지 못한 채 살아가게 된다. 이런 삶은 자신만의 삶이 아니다. 몸은 자기 것이라도 생각은 남의 것이 되고 만다.

주관과 의지는 삶을 지켜 주는 등불과 같다. 앞이 보이지 않는 캄캄하고 고달픈 인생길을 가는 동안에 빛을 준다. 원하는 것을 시도하고 행하는 동안에도, 힘들고 어려운 일을 만나도, 삶의 중심을 잡지 못해 갈팡질팡할 때도 빛을 준다. 무엇을 신중하게 결단할 때도 주관과 의지는 반드시 필요하다.

방향을 잃은 배는 항로를 벗어나 좌초하여 침몰할 위험성이 크다. 마찬가지로 주관과 의지가 없으면 인생이란 바다를 건너기에 많은 어려움을 겪는다. 인생의 바다에 깊이 침몰해 버리면 다시 헤어 나오기가 힘들다. 인생이란 바다를 잘 건너기 위해서는 반듯한 주관과 강인한 의지로 꾸준히 밀고 나가야 한다.

"너의 용모를 바르게 하고 말씀을 들을 때에는 반드시 공손해야 한다. 다른 사람의 주장을 자신의 주장처럼 말하지 말고, 다른 사람의 말을 듣고 무조건 따라 하지 말아야 한다."

《예기》〈곡례〉에 나오는 말로, 자기다움을 가져야 함을 강조하고 있다.

"군자는 화합하지만 따라 하지 않고, 소인은 따라 하지만 화합하지 않는다."

《논어》〈자로〉에 나오는 말이다. 부화뇌동은 소인배나 하는 짓이다. 의를 숭상하는 군자는 다른 사람과 잘 화합한다. 이익을 따지는 소인은 이해관계가 맞지 않는 사람과는 화합하지 않는다.

우레가 한번 울리면 하늘 아래 만물도 덩달아 울린다고 해서 '뇌동雷同'이라 한다. 자기 주관 없이 경솔하게 남의 의견에 따른다는 '부화附和'는 나중에 붙은 말이다.

인생을 의미 있고 가치 있게 살고 싶다면 남의 말을 생각 없이 따르지 말아야 한다. 주관과 의지로 자기만의 삶을 이루어야 한다. 그것이 곧 자신을 사랑하고 위하는 것이다.

050

아랫사람에게 물기를 부끄러워 하지 않다

불치하문
不恥下問

아니 **불** 부끄러울 **치** 아래 **하** 물을 **문**

아랫사람이나 지위와 학식이 자신만 못한 사람에게 묻는 것을 부끄러워하지 않는다는 뜻이다.

출전《논어論語》〈공야장公冶長〉

흔히 배움에는 왕도가 없다는 말을 한다. 물론 배움에 따라 격식을 갖추어야 할 때도 있다. 하지만 근본적인 관점에서는 어떤 식으로 배우든 배움은 그 자체만으로도 매우 소중하다. 배움에는 나이도 따지지 않는다. 잘살고 못살고도 따지지 않는다. 외모도 따지지 않는다. 배우고자 하는 열의만 있다면 언제든지 배울 수 있다.

인간은 태어나는 순간부터 배운다. 말하고 듣고 행동하는 것은 가장 기본적인 배움이다. 어린이는 어머니의 한마디 말이나 행동 하나하나도 놓치지 않고 따라 한다. 아이가 자라면 유아원과 유치원을 거쳐 초등학교, 중학교, 고등학교, 대학교 등 정해진 과정에 따라 배운다.

배움은 실생활에서든, 학교라는 제도권에서든 자유롭게 얻는다는 장점이 있다. 다만 배우고자 하는 의지의 문제이다. 또한 배우고자 하는 대상이 누구든 자신에게 필요하다면 주저하지 말고 배워야 한다.

위나라의 대부 공어는 부하인 태숙질을 부추겨 본처를 쫓아내고 자기 딸을 아내로 삼도록 했다. 태숙질이 첫 번째 부인의 동생과 간통을 하자 공어는 태숙질을 공격하려고 공자에게 어떻게 해야 할지 물었다. 공자는 대꾸도 하지 않고 수레를 타고 떠나 버렸다. 태숙질이 송나라로 달아나자 공어는 자기 딸을 데려와서 태숙질의 동생 유에게 아내로 맞도록 했다.

공어가 죽자 위나라 황제가 문文이라는 시호를 내렸다. 사람들은 그를 공문자라고 불렀다. 공자의 제자 자공은 공어의 평소 행실이 그처럼 높은 평가를 받기에는 부족하다고 여겼다. 공어의 호학 정신을 배우고 계승하도록 하기 위하여 문이라는 시호를 내린 것을 이해할 수 없었던 자공이 공자에게 물었다.

"선생님, 공어는 어떻게 시호를 문이라고 했습니까?"

"영민하고 공부하기를 좋아했으며, 아랫사람에게 묻기를 부끄러워하지 않았다. 그런 까닭에 시호를 문으로 한 것이다."

"누구에게나 무엇인가를 배우는 사람이 세상에서 가장 현명한 사람이다."

《탈무드》에 나오는 말로 역시 배움의 자세를 잘 나타낸다. 배우고자 하는 마음만 있다면 대상이 누구든 꺼리지 말고 배워야 한다. 진정한 배움의 가치는 알고자 하는 노력에 있다.

051

사방에서 들리는 초나라의 노랫소리

사면초가

四面楚歌

넉 **사** 방면 **면** 초나라 **초** 노래 **가**

궁지에 몰린 상황을 비유하여 이르는 말이다.

출전 《사기史記》 〈항우본기項羽本紀〉

살다 보면 온 사방이 꽉 막힌 듯한 위기를 경험한다. 위기는 자신의 실수로 인해 벌어지는 경우도 있고, 타의에 의해 벌어지기도 한다. 하늘이 무너진 것 같은 암담함에 불안함이 엄습하고 두려움이 밀려온다. 위기를 맞아 앞이 보이지 않는 암울한 심정에 사로잡히면 자포자기하는 사람도 많다.

그럴 때일수록 더욱 마음을 강하게 다잡아야 한다. 마음이 탄탄하면 어떤 위기에서도 자신을 지켜 낸다. 정신일도精神一到 하사불성何事不成이라고 했다. 마음을 가다듬고 정신을 반듯이 하면 못 해낼 것이 없다. 마음이 강건해야 하는 이유가 여기에 있다. 같은 상황에 처해도 위기에 대처하는 능력에 차이가 나는 이유는 마음 자세 때문이다.

진나라가 멸망한 후 초패왕 항우와 한나라 왕 유방이 천하를 다투면서 5년 동안 싸움을 벌였다. 싸움에 지친 이들은 4년째 되던 해 가을, 항우가 인질로 잡고 있던 유방의 가족을 돌려보내는 조건으로 하는 휴전 협정을 맺었다. 항우는 약속대로 철수했지만, 유방은 장량의 계책에 따라 협정을 위반하고 항우를 공격했다.

항우는 해하에서 진을 치고 한나라 군대와 대치했다. 항우의 군사는 10만이었고, 한나라는 한신이 이끄는 30만, 유방의 20만, 팽월의 3만, 경포와 유가의 군대를 합쳐 모두 60만 대군이었다. 그중 주력군은 한신의 군대였다. 중과부적으로 한신의 군대에 포위가 된 항우의 군대는 군량마저 떨어지자 의기소침해졌다.

양군이 대치하고 있던 어느 날 밤 초나라의 노랫소리가 들려왔다. 장량의 계책에 따라 한나라 군사들이 펼치는 심리전이었다. 초나라의 노래는 감상적이고 애잔한 것이 특징이었다.

그 노래를 듣고 있으면 구슬프기가 그지없었다. 오랫동안 부모 형제와 고향 산천을 떠나온 항우의 군사들은 모두 애잔한 마음에 사로잡혔다. 그러는 가운데 초나라 군사들이 한나라 군대에게 모두 항복한 줄 알고는 전의를 잃고 말았다. 항우의 군대는 처참히 무너졌고, 항우는 오강에 이르러 자결하여 승리는 한나라에게 돌아갔다.

사면초가란 사방이 가로막혀 이러지도 저러지도 못하는 극한 상황, 즉 진퇴양난의 어려움을 이르는 말이다. 누구에게도 패한 적이 없던 천하무적 항우가 한나라의 장량이라는 걸출한 지략가가 세운 전략에 처참히 무너지고 말았다. 힘이 천하를 휘어잡더라도 지혜 없이는 유지가 불가능하다.

052

산에서 싸우고 물에서 싸우다

산전수전
山戰水戰

메 **산** 싸울 **전** 물 **수** 싸울 **전**

온갖 고생과 시련을 겪어
경험이 많음을 비유하는 말이다.

출전 《손자孫子》 〈모공謀攻〉

잘 닦인 포장도로는 맑고 화창한 날이든, 비가 오는 날이든, 눈이 내리는 날이든 신발을 더럽히지 않고 잘 다닐 수가 있다. 울퉁불퉁한 비포장도로에서는 흙이 묻어 예사로 신발이 더럽혀진다.

인생이 잘 닦인 포장길이라면 살맛 난다는 사람들이 많다. 굴곡 없이 평안하고 평탄하게 살고 싶은 마음 때문이다. 그런 바람을 갖는다고 해서 속물근성을 가졌다고 말하면 무리가 있다. 사람이라면 누구나 갖는 보편적인 심성이다.

사실 인생을 살아가기란 그리 만만치가 않다. 잘 닦인 포장도로 같은 인생이 있는가 하면, 울퉁불퉁한 비포장도로 같은 인생도 있다. 비포장도로 같은 인생은 역경을 운명처럼 타고난 듯이 온갖 시련을 겪는다. 남들이 겪지 않는 시련과 역경을 겪다 보면 억울하게 느껴지기도 한다. 너무 억울해하지 말자. 힘든 역경을 겪은 사람이 나중에 크게 되는 경우가 많다. 시련과 역경은 잘되기 위한 필수 과정과도 같다.

'적과 싸울 때는 반드시 높은 언덕을 차지하여 유리한 지형에 의지한다. 적을 치기에 유리하고 적진으로 쳐들어가기에 유리하여 이길 수 있다.'

산전山戰을 말한다. 유기의 《백전기략》에서는 '산에서 싸울 때는 높은 곳에 있는 적을 공격하지 말라'고 했다.

'물에 가까운 언덕에서 싸울 때는 반드시 물에서 어느 정도 떨어져야 한다. 한편으로 적이 강을 건너도록 유인하는 것이다. 한편으로는 적이 의심하지 않도록 하기 위함이다. 반드시 적과 싸우고자 한다면 물 가까이에서 대하지 말아야 한다. 적이 건너지 못하기 때문이다. 만약 적과 싸우지 않겠다면 언덕에 의지하여 적을 막아서 강을 건너지 못하도록 만들어야 한

다. 적이 군사를 이끌고 강을 건너면 절반쯤 건너기를 기다렸다가 공격하면 이롭다.'

수전水戰을 말한다. 《백전기략》에서는 '적이 강을 반쯤 건너면 공격하라'고 했다.

산전수전은 병법에서 전술적인 뜻을 의미하지만, 전투 과정에서 겪는 갖가지 어려움처럼 인생에서 겪는 갖가지 어려움과 시련을 일러 하는 말로 쓰이게 되었다.

산전수전과 비슷한 뜻으로 쓰이는 말로 '아주 오랜 세월 동안 겪어 온 많은 고생'을 뜻하는 '만고풍상萬古風霜'이 있다.

053

초가집을 세 번 돌아보다

삼고초려
三顧草廬

석 **삼** 돌아볼 **고** 풀 **초** 초가집 **려**

유능한 인재를 곁에 두기 위해
참을성 있게 노력하는 것을 이르는 말이다.

출전 《삼국지三國志》 〈제갈량전諸葛亮傳〉

유능한 사람을 곁에 두기 위해서는 마음을 사야 한다. 그가 마음을 다해 나의 뜻을 따르도록 해야 한다. 그러기 위해서는 자신의 사상과 철학을 분명이 해야 하고, 삶에 대한 가치관도 뚜렷해야 한다. 목표가 개인적이지 않고 모두가 더불어 함께해야 하며, 발전 지향적이고 비전이 뚜렷해야 한다. 그렇지 않으면 필요로 하는 사람의 마음을 얻기에 실패한다. 어디까지나

원하는 사람을 곁에 두기 위한 하나의 기본 조건이라 하겠다.

누군가를 자신의 사람으로 만들려면 공을 들여야 한다. 당사자가 싫다고 해도 반드시 필요하다면 어떤 방법을 취해서라도 곁에 두어야 한다. 유능하고 능력 있는 사람을 곁에 두면 자신의 목표 달성에 큰 힘이 된다. 성패가 걸릴 만큼 매우 중요하니 많은 공을 들여서라도 마음을 얻도록 한다.

후한 말기 유비, 관우, 장비는 도원결의를 통해 의형제를 맺었다. 유비는 둘과 더불어 기울어져 가는 한나라의 부흥을 꾀하기 위해 군사를 일으켜 전력투구했다. 하지만 능력을 발휘할 기회를 잡지 못하고 여기저기 떠돌며 세월을 허송하였다. 마지막에는 형주 자사 유표에게 몸을 의탁하는 처량한 신세로 전락하였다.

유비의 마음속에서는 여전히 뜻을 펼쳐야 한다는 울림이 끊이지 않았다. 유능하고 능력 있는 사람이 곁에 있어야 한다는 사실을 잘 알았던 유비는 여러 사람을 통해 양양에 은거하고 있는 제갈량에 대해 알게 되었다. 유비는 즉시 관우, 장비와 함께 제갈량을 찾아갔다.

제갈량은 15세가 되기 전에 부모를 여의어 한동안 백부 제갈현의 보살핌을 받다가, 백부가 죽자 형주로 옮겨 갔다. 제갈량은 양양의 융중이란 마을에서 농사를 지으며 학문을 연마하였다. 당시 형주에는 전란을 피해 온 명망 높은 문인들이 많이 살고 있었다. 제갈량은 그들과 활발히 교류하였다. 제갈량은 양양 지역의 유명한 문인이며 대부호였던 황승언의 사위가 되었다. 이미 20대 중반의 나이에 재야의 현인으로 명성이 자자했다.

첫 번째, 두 번째 만남에 실패한 유비는 세 번째로 제갈량을 찾아갔다. 제갈량은 유비가 세 번째로 찾아온 날, 앞으로 일어날 일에 대해 일목요연하게 말하며 뜻을 함께하기로 했다. 그 후 제갈량은 능력을 십분 발휘하여 유비가 촉나라를 세우고 제위에 오르도록 기여하였다.

유비는 몰락한 한나라 왕족 출신으로 촉나라를 세우고 왕이 되었다. 우리는 제갈량과 같은 현인을 곁에 두기 위해 취했던 유비의 처신에 주목해야 한다. 유비는 자신보다 무려 20세나 아래인 제갈량을 곁에 두기 위해 나이와 체면을 내려놓고 정성을 다하였다. 진정성 앞에 무너지지 않는 사람은 없다. 진정성이야말로 사람의 마음을 얻는 최선의 방책이다.

054 뽕나무 밭이 푸른 바다로 변하다

상전벽해 桑田碧海

뽕나무 **상** 밭 **전** 푸를 **벽** 바다 **해**

세상이 몰라보게 놀랍도록 변한 것을 비유하는 말이다.

출전《신선전神仙傳》

1945년 광복을 맞이하고 나서 우리나라는 자유와 평화를 찾았지만, 매우 어려운 경제적 상황에 놓였다. 궁핍에서 벗어날 틈도 없이 1950년 6월 25일 '한국 전쟁'이 발발했다. 우리나라는 3년이란 세월 동안 서로 총부리를 겨누고 싸워야만 했다. 1953년 휴전 협정을 맺은 후 지금까지 달라진 것이 있다면 민주화와 경제 대국으로의 변모이다. 특히 변변한 자원도 없이 이룬 세계 10위의 경제력은 그야말로 경제 부흥의 기적이 아닐 수 없다.

우리나라의 눈부신 발전은 세계 어느 나라도 해내지 못한 짧은 기간에 이루었다. 우리나라의 우수성을 인정받을 만한 성과이다. 한국 전쟁 당시 우리나라의 형편을 잘 아는 사람들은 지금과 같은 발전에 하나같이 놀라움을 금치 못한다. '상전벽해'는 우리나라를 두고 하는 말로도 전혀 손색이 없다.

한나라 사람 채경의 집에 신선 왕방평이 강림했다. 왕방평은 채경의 부모, 형제와 서로 인사한 후 오랫동안 홀로 앉아 있다가 사람을 시켜 선녀 마고를 오게 하였다. 얼마 후 마고가 오자 채경의 전 가족이 맞이했다. 마고는 아름다운 처녀로 나이는 18세 정도였으며, 머리카락이 허리까지 내려왔다. 옷에는 채색의 무늬가 있었는데, 비단은 아니었지만 광채가 눈부셨으며, 그녀의 형태를 형용하기가 어려웠다.

마고는 집으로 들어와 왕방평에게 절을 했고, 왕방평은 일어나 맞았다. 자리에 앉은 마고는 지니고 온 음식물을 가져오게 했다. 금 쟁반에 옥으로 만든 잔이었고, 음식은 모두 과일 종류로 향기가 실내에 가득 퍼졌다. 그녀는 말린 고기를 모두에게 나눠 주며 기린의 포라고 했는데, 마치 측백나무의 열매 같았다.

마고가 다소곳이 말했다.

"제가 신선님을 모신 이래로 동해가 세 번이나 뽕나무 밭으로 변하는 것을 보았답니다. 지난번에는 봉래에 갔더니, 바다가 예전의 반 정도로 얕아져 있었습니다. 다시 육지가 되려는 것일까요?"

왕방평이 말했다.

"동해는 다시 흙먼지를 일으킬 것이라고 성인들이 말씀했소."

마고의 말을 듣고 채경의 가족들은 깜짝 놀랐다.

'도대체 선녀 마고의 나이가 얼마란 말인가?'

동해가 여러 번 뽕나무 밭으로 변했다는 마고의 말에서 상전벽해가 유래되었다. 세상은 변하게 되어 있다. 어떤 모습으로 변하는지는 오직 사람들의 노력에 달려 있다. 개인에게 있어서도 마찬가지다. 자신이 어떻게 하느냐에 따라 삶을 획기적으로 바꿀 수 있다.

055 변방에 사는 노인의 말

새옹지마
塞翁之馬

변방 **새** 늙은이 **옹** 갈 **지** 말 **마**

세상일은 때에 따라 복이 되기도 하고 화가 되기도 할 만큼 변화가 많음을 의미한다.

출전《회남자淮南子》〈인간훈人間訓〉

세상은 변화무쌍한 삶의 거대한 무대이다. 세상이라는 거대한 무대에서는 오늘과 내일을 예측할 수 없는 수많은 일들이 시도 때도 없이 벌어지고 있다. 한시도 가벼이 여겨서는 안 된다. 그렇다고 너무 엄숙하거나 경건하게 대해야 한다는 것도 아니다. 말하자면 그때그때 상황에 맞게 잘해 나가면 된다.

문제는 아무리 최선을 다해도 바라는 삶을 살지 못하는 경우가 많다는 것이다. 그러다 보니 노력보다 못한 결과에 허탈해하며 실망한다. 반대로 최선을 다하지 않았는데도 생각 이상의 결과를 얻기도 한다. 이럴 때의 성취감은 이루 말할 수 없이 크다.

두 경우에서 보듯 세상의 일이란 예측이 힘들다. 사람의 영역을 넘어선 무한한 세계이다. 결과가 좋으면 좋은 대로 감사하게 살고, 결과가 나빠도 실망하지 말고 지금껏 했던 대로 열심히 살면 원하는 결과를 얻는다.

변방에 점을 잘 보는 이가 살았다. 어느 날 그가 기르던 말이 도망쳐 오랑캐 땅으로 가고 말았다. 마을 사람들이 와서 위로하자 이렇게 말했다.

"이것이 어찌 복이 되지 않겠소이까?"

너무도 태연하게 말하는 그를 보고 마을 사람들이 돌아갔다.

몇 달이 지난 후 그의 말이 오랑캐의 준마를 데리고 돌아왔다. 마을 사람들이 찾아와 축하하였다. 그러자 그가 말했다.

"이것이 어찌 화가 되지 않겠소."

말 타기를 무척이나 좋아하던 그의 아들이 말을 타다 그만 다리가 부러지고 말았다. 역시나 마을 사람들이 찾아와 위로하자 그가 말했다.

"이것이 어찌 복이 되지 않겠소."

얼마 지나지 않아 오랑캐가 마을을 침범했다. 마을 장정들은 오랑캐와 맞서 싸웠는데, 역부족이어서 많은 사람들이 죽고 말았다. 그의 아들은 다리를 다친 관계로 징병을 면하여 무사했다.

아들이 다치면 화에 해당되나 결과적으로 복이 되었다. 복이 화가 되고 화가 복이 되기도 한다. 변화가 무쌍하고 깊이를 알 수 없는 것이 삶이며 세상일이다. 지금 잘나간다고 오만해서도 안 되고, 잘 안 된다고 기가 꺾여서도 안 된다. 잘나가다가도 생각지도 않았던 일로 막힐 수 있고, 잘 안 되다가도 뜻밖에 일이 풀리기도 하는 것이 세상일이며 삶이다. 상황이 좋을 때나 나쁠 때나 늘 한결같이 최선을 다하는 것이다.

056

개인보다 공을 앞세우다

선공후사
先公後私

먼저 **선** 공평할 **공** 뒤 **후** 사사로울 **사**

공적인 일을 먼저 하고
사적인 일은 나중에 한다는 뜻이다.

출전 《사기史記》 〈염파인상여열전廉頗藺相如列傳〉

세상을 살다 보면 먼저 할 일이 있고 나중에 할 일이 있다. 먼저 할 일은 개인보다는 여럿이나 모두를 위한 일이다. 개인적인 일을 앞세운다면 자신만의 욕망을 위할 뿐이다. 특히 정치가나 공직자는 먼저 할 일과 나중에 할 일을 엄격하게 구별할 줄 알아야 한다.

지금 우리 사회를 보면 눈 가리고 아웅 해서라도 자신의 이익을 먼저 취하는 경우가 많다. 매우 패역하고 부도덕한 짓이다. 나라의 녹을 먹는 사람이나 책임이 큰 자리에 있는 사람은 먼저 할 일과 나중에 할 일을 엄격하게 구별해야 한다. 그래야 사회와 국가가 반석 위에 지은 집처럼 탄탄하게 발전하고 존속되는 것이다.

조나라 혜문왕 시절에 인상여라는 사람이 있었다. 혜문왕이 화씨벽和氏璧이라는 유명한 옥을 손에 넣자 진나라 왕이 욕심을 내었다. 인상여가 뛰어난 언변으로 화씨벽을 진나라에 넘기지 않게 되었다. 두 나라 왕들이 만난 회동 자리에서는 모욕을 당할 뻔한 위기에서 무사히 혜문왕을 구해 냈다. 마침내 혜문왕이 인상여를 상경으로 임명했는데, 조나라 명장 염파보다도 높은 지위였다. 화가 난 염파가 말했다.

"나는 오늘날까지 여러 전장을 누비며 큰 공을 세웠다. 그런데 인상여는 세 치 혀만 놀려 나보다 높은 지위에 올랐다. 만약 인상여를 만나면 반드시 치욕을 안겨 주리라."

염파의 말을 전해 들은 인상여는 염파와 마주치지 않게 피해 다녔다. 그러자 인상여의 부하들이 불만을 토로하며 곁을 떠나고자 했다. 인상여가 부하들에게 물었다.

"염 장군과 진나라 왕 중 누가 더 무서운가?"

"당연히 진나라 왕입니다."

"나는 진나라 왕과 맞선 사람이다. 하물며 염 장군을 겁내겠는가? 지금 진나라가 우리를 치지 않는 이유는 나와 염 장군이 있기 때문이다. 우리 둘이 싸우면 누군가 하나는 쓰러지기 마련이다. 나라를 먼저 생각하고 나의 사사로움을 버렸기에 염 장군을 피하는 것이다."

염파가 인상여의 말을 듣고 찾아와 사과하고 오랫동안 깊은 우정을 나누었다.

선공후사를 행한 인상여야말로 올바른 공작자의 표상이라고 하겠다.

057

작은 것을 탐하다 큰 것을 잃다

소탐대실
小貪大失

작을 **소** 탐낼 **탐** 큰 **대** 잃을 **실**

작은 것을 탐내다 오히려 큰 것을 잃는다는 뜻이다.

출전《신론新論》

작은 것에 연연하는 사람이 있다. 마인드가 소심하여 작은 일에도 전전긍긍하며 속을 태우는 사람이다. 소화도 잘 안 되고, 스스로를 괴롭혀 스트레스도 잘 받는다. 반대로 마인드가 대범하여 작은 일 따위에 마음을 쓰지 않는 사람이 있다. 그러다 정작 해야 할 일을 놓치기도 한다. 사람마다 지닌 성격의 차이에서 오는 자연스러운 두 현상이다.

작은 것에 연연하다 큰 것을 놓치는 우를 경계해야 한다. 자칫 오해할지 몰라 하는 말인데, 작은 것에 관심을 갖지 말라는 의미가 아니다. 지나치게 연연하지 말라는 것이다.

춘추 전국 시대 촉나라는 곡식이 잘되고 많은 보화를 지닌 강국이었다. 촉나라 왕은 욕심이 많아 보화를 축적하기 위해 온 심혈을 기울였다. 진나라는 촉나라의 이웃 나라였다. 진나라 혜왕은 일찍이 촉나라의 부유함을 보고 빼앗고 싶은 야심으로 가득했으나, 지형이 험난해서 쉽게 침공하지 못했다.

어느 날 혜왕은 매우 그럴듯한 아이디어를 떠올렸다. 촉나라 왕의 탐욕을 이용하기 위한 계책이었다. 먼저 석수장이에게 대리석으로 커다란 소를 만들게 하고는 황금 똥을 누는 소라고 소문을 퍼트렸다. 촉나라에는 사신을 보내 두 나라가 협력해서 길을 뚫는다면 황금 똥을 누는 소를 선물로 보내겠다고 했다.

촉나라 왕은 약속을 굳게 믿고 백성들을 동원하여 산을 뚫고 계곡을 메워 소가 지날 큰길을 만들었다. 길이 뚫리자 진나라 왕은 곧바로 촉나라를 공격하여 쉽게 정복하였다. 촉나라 왕은 작은 이익에 욕심을 부리다 나라를 잃고 말았다.

작은 이익에 연연하는 탐욕이 얼마나 어리석은지 알게 하는 이야기이다. 촉나라 왕은 부유함에도 더 많은 것을 탐하다 결국 진나라에게 당했다. 오히려 가졌던 것을 모두 잃고 마는 우를 범한 것이다.

인간의 생사화복은 각자의 타고난 복 말고도 성격이나 마인드가 어떤가에 따라 결정된다. 그만큼 삶에 대한 마음 자세가 중요하다. 과유불급이라고 했다. 뭐든지 지나치면 화가 되는 법이다. 지나침은 옳고 그름을 판단하는 능력을 잃게 하여 이성을 마비시키는 경향이 있다. 이런 상황에 빠지지 않으려면 탐욕을 내려놓고 자신을 냉정하게 살피는 눈을 길러야 한다. 그래야 인생을 바르게 유지하고 가치 있게 만든다는 점을 잊지 말아야 한다.

058

입술이 없으면 이가 시리다

순망치한
脣亡齒寒

입술**순** 잃을**망** 이**치** 찰**한**

서로 밀접한 관계가
있음을 비유하는 말이다.

출전《춘추좌씨전春秋左氏傳》〈희공오년僖公五年〉

좋은 인간관계를 맺기 위해 반드시 필요한 것이 소통이다. 피가 잘 순환되어 건강한 몸이 되듯 소통이 원만하면 서로에게 좋은 인생 파트너가 된다. 좋은 인생 파트너는 삶에 있어 빛이 되고 소금이 된다.

유비와 제갈량의 경우는 수어지교水魚之交로서 가장 이상적이며 본이 되는 인생 파트너였다. 둘 중 어느 한 사람만 없었어도 성공적으로 촉나라를 건국하지 못했을 것이다. 둘이 함께함으로써 큰 힘을 발휘했다. 서로에게 반드시 필요한 존재가 이상적인 파트너라 하겠다.

춘추 시대 말 진나라 문공의 아버지 헌공이 괵, 우 두 나라를 공략할 때였다. 괵나라를 치기로 결정한 헌공은 우나라의 우공에게 길을 지나가게 해주면 많은 재물과 보화를 주겠다고 제의했다. 우공이 수락하려고 하자 재상 궁지기가 간언하였다.

"폐하, 괵나라는 우나라의 겉가죽이나 다름없습니다. 괵나라가 망하면 우리도 망합니다. 속담에 덧방나무와 수레는 서로 의지하고, 입술이 없으면 이가 시리다고 했습니다. 이는 괵나라와 우리 사이를 두고 한 말입니다. 우리와 가까운 괵나라를 치려는 진나라에게 길을 내주어서는 아니 됩니다."

"진나라는 우리와 근원이 같은 나라인데, 어찌 우리를 해치겠소?"

"괵나라는 우리보다 근원이 더 깊은데도 진나라가 치려 합니다. 하물며 우리나라를 그냥 두겠습니까. 폐하, 그처럼 무도한 진나라를 믿어서는 안 됩니다."

그럼에도 우공은 재물과 보화에 눈이 멀어 결국 진나라에 길을 내주고 말았다. 궁지기는 가족을 이끌고 우나라를 떠났다. 그해 12월 괵나라를 멸하고 돌아가던 진나라는 우나라도 공격하여 우공과 재상을 포로로 잡아갔다.

우나라 우공은 입술과 이와 같은 괵나라를 멀리하고 진나라에 협조한 대가를 톡톡히 치렀다. 재물에 눈이 어두워 패망을 자초한 우공과 같은 사람이 종종 있다. 죽고 못 살 것처럼 굴다가도 자신에게 이익이 따른다면 상대와의 절교도 서슴지 않는다. 인간관계에서는 독과 같은 행동이다. 참으로 무지몽매한 일이다.

059 바람을 타고 물결을 헤쳐 나가다

승풍파랑
乘風波浪

탈 승 바람 풍 깰 파 물결 랑

뜻한 바를 이루기 위해서는 온갖 난관을 극복해야 함을 이르는 말이다.

출전 《송서宋書》 〈종각전宗慤傳〉

원하는 것을 이루기 위해서는 강한 의지와 결단력, 목적을 향해 꾸준히 실천하는 자세가 필요하다. 강한 의지와 결단력은 기본적으로 갖추어야 할 마인드이지만, 목적을 이루기 위해서는 실천력이 강해야 한다.

동서고금을 막론하고 꿈을 이룬 사람들에게는 공통점이 있다. 첫째, 강한 의지와 결단력. 둘째, 포기하지 않고 끝까지 해내는 실천력. 셋째, 실패를 두려워하지 않는 용기. 넷째, 꾸준히 자신을 계발하고 동기를 부여하는 능력. 네 가지가 어우러져야 꿈을 이루기 쉽다.

누구나 보기에 부럽고 우뚝한 결과물은 그저 이루어지는 법이 없다. 그만한 실천과 노력이 따라야 한다. 실행하지 않고는 어떤 것도 변화시킬 수 없고, 좋은 결과도 이끌어 낼 수 없다. 세상은 하는 만큼만 준다. 그 이상은 운일 뿐 노력의 결과는 아니다.

남북조 시대 송나라에 예주 자사와 옹주 자사를 역임한 종각이란 사람이 있었다. 그는 어려서부터 무예가 출중하고 용감했다. 종각이 어렸을 때 숙부 종병이 무엇이 되고 싶으냐고 물은 적이 있다. 종각이 말했다.

"강한 바람을 타고 만 리의 거센 물결을 헤쳐 나가고 싶습니다."

"너는 부귀하지는 않겠구나. 글을 숭상하는 우리 집안의 풍습을 무너뜨리니 말이다."

종각은 커서 임읍 지역을 정벌하기 위한 전쟁에 참전하였다. 임읍의 왕이 코끼리 무리를 앞세워 공격하는 바람에 정벌이 힘들었다. 이때 종각이 묘책을 내었다. 사자처럼 꾸민 병사들이 코끼리 앞으로 나가 춤을 추게 하자 코끼리들이 놀라 달아났다. 송나라 군대는 그 틈을 놓치지 않고 임읍을 공략했다.

종각은 숙부로부터 부귀하지 못하겠다는 수모를 겪었지만, 당당하게 참고 나아가 의지를 떨쳐 보였다. 만일 숙부의 말에 미리 포기했다면 그처럼 뛰어난 결과를 내지 못했을 것이다.

인생을 승리로 이끌었던 대표적인 인물인 링컨, 간디, 만델라 등은 수많은 실패와 좌절을 극복하고도 강한 의지를 보여 찬란한 금자탑을 이루었다. 꿈을 이루기 위해서는 어떤 난관이라도 뚫고 나가야 한다.

060 아는 것이 오히려 근심이 되다

식자우환
識字憂患

알 **식** 글자 **자** 근심 **우** 근심 **환**

너무 많이 알아서
쓸데없는 걱정도 많다는 뜻이다.

출전 소동파蘇東坡의 시 〈석창서취묵당石蒼舒醉墨堂〉

영국의 철학자이자 작가인 프랜시스 베이컨은 '아는 것이 힘이다'라고 말한 반면, '아는 것이 병이다'라는 말도 있다. '아는 것은 힘이다'라는 말은 긍정적인 의미로, 아는 만큼 인생을 멋지게 만들어 나간다는 뜻이다. '아는 것이 병이다'라는 말은 알긴 알지만 잘못 사용하여 부정적인 결과를 초래한다는 뜻이다.

안다는 것은 매우 중요한 만큼 잘 사용해야 한다. 곡학아세라는 말처럼 단지 자신의 출세를 위해 권력에 아부하거나 가진 자를 위해 쓰면 안 된다. 지식은 삶을 일깨우거나 잘못된 길을 가는 이의 빛과 소금 역할을 해야 한다.

유비가 제갈량을 만나기 전이었다. 유비에게는 서서라는 이가 옆에서 도움을 주고 있었다. 서서는 유비를 도와 조조를 공략했다. 서서에게 괴롭힘을 당하던 조조는 서서의 어머니를 이용하여 유비에게서 떼어 놓으려고 했다. 서서는 효자였다.

서서의 어머니 위 부인은 학식이 높고 글을 잘 썼으며 의리가 있는 여장부였다. 그녀는 자신은 생각하지 말고 끝까지 유비를 잘 섬기라고 아들을 격려하곤 했다. 조조는 사람을 시켜 교묘한 수법으로 위 부인의 편지를 손에 넣었다. 다시 위 부인의 글씨체를 똑같이 따라 하여 서서에게 어머니의 편지를 전하게 했다.

어머니의 편지를 받은 서서는 곧장 집으로 달려갔다. 갑자기 나타난 아들을 본 위 부인은 놀라워했다. 아들이 온 이유가 자신의 글씨체를 모방한 편지 때문이라는 것을 알고는 이렇게 말했다.

"내가 글자를 알아서 근심을 불렀구나."

식자우환이라는 말은 당송 팔대가의 한 사람인 북송의 시인 소동파의 시 〈석창서취묵당〉에도 나와 있다.

"인생식자우환시人生識字憂患始 성명조기가이휴姓名粗記可以休. 세상살이 글자를 알면서부터 우환이 시작되니 이름이나 대충 적으면 그만두어도 좋으리."

사실 서서의 어머니 위 부인은 불우한 환경에서 자라 글자를 몰랐을 것이다. 후대에 소설 같은 재미를 위해 추가된 부분이 아닐까 짐작한다. 어쨌든 안다는 것은 매우 중요하다. 다만 그 지식을 잘못 사용하지 않으면 된다.

061

상벌을 공정하고 엄중히 하다

신상필벌
信賞必罰

믿을 **신** 상줄 **상** 반드시 **필** 벌할 **벌**

상을 받을 사람에게 상을 주고,
벌을 받을 사람에게 벌을 주다.

출전 《한비자韓非子》 〈내저설內儲說〉

보상은 일의 결과에 대한 대가이기도 하지만, 더욱 매진하라는 당근과도 같다. 사람은 잘한 것에 상응하는 보상을 원하는데, 누구나 갖는 공통된 심리이다. 그에 상응하는 보상을 받지 못하면 더 잘할 수 있어도 애써 능력을 사용하지 않는다.

앤드류 카네기, 헨리 포드, 스티브 잡스 등 세계적인 기업가들의 여러 공통점 중에 하나는 업무를 잘한 직원에게는 철저

한 보상을 했다는 것이다. 직원에 대한 보상이 최고의 기업가가 되는 데 톡톡히 기여를 했다.

반대로 잘못한 일에 대해서는 벌, 즉 채찍을 가해야 한다. 누구나 순간순간 나태에 빠져 무기력해지는 경우가 있다. 그러면 능력을 제대로 발휘하지 못한다. 이럴 때 채찍은 각성을 시켜 긍정적으로 작용한다. 물론 인격적으로 모독하거나 패배주의를 갖게 해서는 안 된다. 이 점만 잘 고려한다면 채찍은 나태와 게으름을 일깨우는 각성제 역할을 톡톡히 해낸다.

춘추 시대 진나라의 문공이 호언에게 물었다.

"한 마리의 소를 잡아도 백성들에게 나누어 주고, 한 해 동안 바친 옷감은 모두 병사에게 나누어 주고 있네. 이러면 백성들에게 전쟁을 치르도록 할 수 있겠는가?"

"부족합니다."

"그럼 세금을 내리고 형벌을 가볍게 하면 백성들에게 전쟁을 치르도록 할 수 있는가?"

"부족합니다."

"상을 당한 자에게 직접 측근을 보내 조문하고, 죄인을 용서하고, 가난한 자들을 도와준다면 어떠한가?"

"역시 부족합니다. 그것들은 모두 백성의 생계를 소중히 여기는 수단입니다. 전쟁을 시키는 것은 백성을 죽이는 일입니다. 백성이 임금을 섬기는 이유는 생계를 지키기 위함입니다. 임금께서 백성을 죽게 하면 임금을 섬길 이유를 잃게 됩니다.”

“그럼 어떻게 하면 좋은가?”

“백성이 전쟁을 하지 않으면 안 되게 만들어야 합니다. 상과 벌을 정확히 내리면 충분히 전쟁을 치르도록 할 수 있습니다.”

국가가 잘되려면 국민 모두가 법 앞에 평등해야 한다. 사람 따라 법이 달리 적용되는 나라는 부정부패가 만연하여 낙후되고 심하면 패망에 이른다. 잘한 사람에게는 상을 내리고 잘못한 사람에게는 벌을 내려 국가의 기강을 바로 세워야 한다.

062

나무에서 물고기를 구하다

연목구어
緣木求魚

인연 **연** 나무 **목** 구할 **구** 물고기 **어**

불가능한 일을 하려는 시도를
비유하여 하는 말이다.

출전 《맹자孟子》 〈양혜왕梁惠王〉

불가능함을 뻔히 알면서도 무모하게 시도하는 사람이 있다. 쓸데없는 공명심에 사로잡혀 실행하는 경우도 있고, 자신의 능력을 증명해 보이기 위한 경우도 있다. 지나친 탐욕에 사로잡혀 실행하는 경우도 있다. 어쨌든 대개 실패로 끝나고 만다.

잘못된 방법으로 목적을 이루려고 편법을 쓰는 사람도 있다. 정작 목적을 이루었다 해도 진정한 성공이 아니다. 마치 사상누각과도 같아 언젠가는 쓰러진다. 정당성을 확보하지 못하면 뿌리가 약한 나무처럼 소소한 일에도 쉽게 무너진다.

춘추 전국 시대 양나라의 혜왕과 헤어진 맹자는 제나라로 갔다. 맹자는 당시 나이가 50이 넘었지만, 제후들을 찾아다니며 인의仁義 치세를 근본으로 삼는 왕도 정치를 유세하였다.

동쪽 제나라는 서쪽의 진나라, 남쪽의 초나라와 함께 대국으로 선왕은 역량이 있는 군주였다. 맹자가 기대하며 선왕을 찾아간 이유였다. 그러나 시대는 왕도 정치가 아니라 무력과 책략을 일삼는 패도 정치를 원하고 있었다. 선왕이 맹자에게 말했다.

"춘추 시대의 패자였던 제나라 환공과 진나라 문공의 패업을 알고 싶소."

"전하께서는 패도에 따른 전쟁으로 백성들이 목숨을 잃고, 이웃 나라 제후들과 원수가 되기를 원하십니까?"

"그렇지 않소. 다만 과인에게는 대망이 있소."

"전하의 대망이 무엇입니까?"

선왕은 웃기만 할 뿐 말하지 않았다. 맹자 앞에서 패도를 말하기가 쑥스러웠기 때문이다. 맹자는 선왕의 대답을 유도하는 질문을 던졌다.

"전하, 맛있는 음식과 따뜻한 옷이 부족하십니까? 아니면 아름다운 색이 부족하기 때문입니까?"

"과인에게는 그런 사소한 욕망은 없소."

"그러시다면 전하의 대망은 천하를 통일하고 사방의 오랑캐까지 복종시키려는 것이 아닙니까? 하지만 그런 대망은 마치 나무에서 물고기를 구하는 것과 같습니다."

맹자의 말을 듣고 선왕은 놀라워하며 무리한 욕심이냐고 물었다. 맹자는 나무에 올라가 물고기를 구하면 단지 물고기만 구하지 못할 뿐이지만, 패도를 쫓다 실패하면 재난을 면치 못한다고 말했다. 선왕은 맹자의 말을 진지하게 경청했다고 한다.

063 까마귀 날자 배 떨어지다

오비이락
烏飛梨落

까마귀 **오** 날 **비** 배나무 **이** 떨어질 **낙**

어떤 일이 공교롭게도 관계가 있는 것처럼 오해를 사는 경우를 이른다.

출전《순오지旬五志》

살다 보면 본의 아니게 오해를 사는 난처한 경우가 있다. 상대방은 의심의 눈초리를 보내는데, 내 잘못이 아니라고 증명할 방법이나 증인이 없으면 더더욱 난처하다. 아무리 내가 아니라고 해도 상대는 믿지 않으려고 한다. 끝까지 결백을 주장하다 보면 상대방과 싸우게 되고, 그로 인해 등을 돌리기도 한다. 나중에 오해가 풀려 결백을 증명해 보이면 떳떳해지긴 하나, 의심했던 상대와는 더 이상 관계를 갖기 어렵다. 자신을 의심한 사람과 어찌 예전처럼 지내겠는가.

확실한 물증도 없이 상대를 오해하는 것도 조심해야 한다. 양심에 관한 문제여서 매우 민감하게 작용한다.

'오비이락'은 조선 인조 때 학자인 홍만종이 엮은《순오지》에 나오는 말이다. '일이 잘 안 되려면 불길하게 전개되어 마치 자신이 일부러 그런 것처럼 의심을 뒤집어쓴다'라고 표현하였다. '오이 밭에서 신발을 고쳐 신지 말라', '자두나무 아래에서 갓을 고쳐 쓰지 말라'라는 속담도 있다. 오비이락과 같은 상황이다.

중국 양무제 때 법력 높은 지자 대사가 있었다. 어느 날 산돼지 한 마리가 피를 흘리며 지자 대사 앞을 지나갔다. 곧 사냥꾼이 활을 들고 쫓아오면서 산돼지를 봤느냐고 물었다. 지자 대사는 활을 던져 버리라고 하고는 법문을 들려줬다.

"까마귀 날자 배가 떨어져 뱀 머리가 부서졌다. 뱀은 환생하여 돼지가 되었고, 까마귀는 꿩으로 환생하였다. 돼지가 땅을 뒤지다 구른 돌에 맞아 꿩이 죽었다. 꿩이 사냥꾼으로 다시 태어나 돼지를 쏘려고 한다. 지금 돼지를 죽이면 더 큰 악연으로 이어진다."

지자 대사는 깊은 혜안으로 둘의 과거 인연을 보았다. 이번에 사냥꾼이 돼지를 쏘아 죽이면 원한을 품고 죽은 돼지가 어떤 무서운 과보를 지을지 모른다. 그러니 사람이 된 지금 활을 던져 버리고 악의 인연을 다시 짓지 말라고 권한 것이다. 크게 깨달은 사냥꾼이 활을 꺾고 중이 되어 도를 닦았다고 한다.

064

오나라 사람과 월나라 사람이 같은 배를 타다

오월동주
吳越同舟

오나라 **오** 월나라 **월** 같을 **동** 배 **주**

원수지간이라도 공동의 목적을 위해 서로 협력하는 것을 비유하는 말이다.

출전 《손자孫子》〈구지九地〉

상생이라는 말이 어느 때보다 필요한 시대가 현대 사회다. 물론 과거 어느 시대를 막론하고 상생은 지상 과제와도 같은 중요한 모토였다. 탐욕에 가득한 이들이 언제나 도외시하면서 상생이라는 틀이 깨지고 말았다. 자신만 잘살면 그만이라는 이기적인 생각을 버리지 않는 한 상생은 어쩌면 문자로만 가치를 유지할 뿐 실제에서는 무의미하게 되고 만다.

어려운 입장에 처하거나 공동의 이익을 위해서는 함께할 수 밖에 없다. 혼자 할 수 없는 일이라면 어찌됐든 협력해야만 하는 것이다.

오나라와 월나라는 예로부터 원수 사이였다. 오나라가 침입해 오자 월나라의 구천이 맞서 합려를 죽였다. 합려의 아들 부차는 원수를 갚기 위해 장작더미 위에서 자며 원한을 키웠다. 결국 구천은 부차에게 패하고 말았다. 그때부터 오나라와 월나라는 서로 미워하는 견원지간이 되었다.

오나라 사람과 월나라 사람은 서로 적대시하지만, 무슨 사유가 있어 같은 배를 탔다가 폭풍을 만나면 어떻게 하겠는가. 원한을 생각하기 이전에 살기 위해 서로 힘을 합치는 수밖에 없다.

사람은 위급에 처하면 두려움을 느끼고 속히 벗어나려는 심리를 가지고 있다. 비록 원수 사이라도 위급한 순간에는 다정한 친구처럼 서로 의지하여 위급한 상황에서 벗어나야 한다. 절박한 상황에서도 원수라고 하여 소가 닭 보듯이 한다면 어떻게 될까. 둘 다 죽음을 자초하고 만다. 사람은 어리석은 존재가 아니다. 절박한 순간에는 더욱 기지를 발휘하는 것이 사람의 특성이다.

065

장작더미 위에 누워 쓸개를 맛보다

와신상담
臥薪嘗膽

누울 **와** 섶 **신** 맛볼 **상** 쓸개 **담**

원수를 갚기 위해 이를 물고 분발하거나, 큰 뜻을 이루기 위해 전력을 다함을 비유하는 말이다.

출전 《사기史記》 〈월왕구천세가越王句踐世家〉

무언가 억울하게 당하면 되갚으려는 마음이 든다. 정도가 심하면 심할수록 되갚고자 하는 마음이 강렬해진다. 힘과 능력을 기르다 어느 순간 기회가 되면 되갚아 준다.

자신이 세운 큰 뜻을 이루려면 뼈를 깎는 노력과 열정이 따라야 한다. 각고면려刻苦勉勵의 신념으로 최선을 다하다 보면 뜻을 이룰 확률이 높아진다.

춘추 시대 오나라의 왕 합려는 월나라의 왕 구천과의 싸움에서 크게 패한다. 합려는 적의 화살에 부상당한 손가락의 상처가 악화되어 죽고 말았다. 임종하며 합려는 아들 부차에게 반드시 구천을 공격해서 원수를 갚으라고 유언을 남겼다. 오나라의 왕이 된 부차는 아버지의 원수를 잊지 않으려고 장작 위에서 자고, 신하들이 자기 방에 드나들 때마다 원수를 갚으라고 외치게 했다.

"부차야, 구천이 너의 아버지를 죽였다는 사실을 잊지 마라."

부차는 임종 당시 아버지에게 한 그대로 대답했다.

"예, 결코 잊지 않고 원수를 갚겠습니다."

복수를 맹세한 부차는 비밀리에 군사를 훈련시키면서 기회를 엿보았다.

부차가 복수를 계획하고 있다는 소식을 들은 월나라의 왕 구천이 선제 공격을 하기로 결심했다. 범려가 조심해야 한다고 구천에게 간언하였다. 간언을 듣지 않고 구천이 오나라를 쳤으나, 거꾸로 오나라에 대패하여 도망하였다.

오나라 군사가 포위망을 좁히자 범려가 일단 항복하고 후일을 도모하자고 건의했다. 고민하던 구천은 결국 부차의 신하가 되겠다며 항복을 청했다. 부차는 논란 끝에 구천의 항복을 받아들이고 살려 주었다. 겨우 목숨을 구한 구천은 쓸개를 핥으며 복수를 다짐했다. 결국 월나라의 왕 구천은 오나라를 무찌르고 천하의 패자가 되었다.

부차는 구천에게 패한 부왕의 유명에 따라 절치부심하여 구천을 대패시켰으나, 재물에 넘어간 재상 백비의 간언을 듣고 구천을 살려 주는 바람에 대가를 혹독하게 치러야만 했다. 목숨을 구한 구천도 절치부심한 끝에 부차를 패퇴시키고 지난날의 패배를 되갚았다. 부차의 어리석음을 좇아서는 안 된다. 승리에 도취해 나중 일을 대비하지 못한 오만함이 천추의 한이 되었음을 잊지 말아야겠다.

066 어찌 씨가 따로 있겠는가

영유종호
寧有種乎

어찌 **영** 있을 **유** 씨앗 **종** 어조사 **호**

사람의 신분은 태어나면서 정해지지 않고 노력에 따라 달라짐을 의미하는 말이다.

출전 《사기史記》〈진섭세가陳涉世家〉

사람은 누구나 법 앞에 평등하다. 개개인은 출신 성분에 관계없이 인격적인 존재이며 모두 사람답게 살 권리를 지니고 있다. 하지만 법은 사람을 가려 가면서 잣대를 적용한다. 가진 자, 힘 있는 자에게 약하고 없는 자, 약한 자에게 강한 우리나라 법이다.

과연 사람은 태어나면서부터 미래가 결정되는가. 요즘 우리 사회의 이슈가 되고 있는 수저 계급론을 보라. 금수저, 은수저, 동수저, 흙수저라는 해괴망측한 논리가 적용된다. 많은 이들을 분노하게 하는 현실을 어떻게 봐야 할까. 자신은 흙수저라고 하는 젊은이가 많은 지금, 외면할 수도 없는 우리 사회의 현실이다.

'왕후장상王侯將相 영유종호寧有種乎'라는 말이 있다. 왕과 제후, 장수와 정승의 씨가 따로 없다는 뜻이다. 작금의 우리나라 현실을 생각해 보면 쉽게 고개가 끄덕여지지 않는 말이다.

진나라는 춘추 전국 시대를 끝내고 천하 통일을 이룬 나라지만 역사는 오래가지 못했다. 시황제가 죽고 아들 호해가 2대 황제에 올랐으나 무능하여 전국 곳곳에서 반란이 끊이질 않았다. 그중 대표적인 세력은 진승과 오광이었다.

진승은 하남 양성 사람이며, 오광은 하남 양하 사람으로 둘은 친구였다. 진승은 집이 가난하여 머슴살이를 했다. 진승은 자신의 신분에 대해 울분을 가지고 있었다. 황제에 즉위한 호해는 환관 조고의 손에 농락당하여 백성을 도탄에 빠트렸다.

진승과 오광은 같은 지방 사람들과 징벌되어 국경 지대로 끌려갔다. 둘은 인솔 책임을 맡았다. 가는 도중 큰비를 만나 길이 물에 잠기는 바람에 더는 갈 수가 없었다. 제 날짜에 도착하지 못하면 인솔자는 처형을 당했다. 진승은 차라리 난을 일으키자고 오광에게 말했다. 도망가 보았자 잡히면 죽는 건 마찬가지였다. 오광도 같은 생각이었다. 둘은 징병관을 죽이고 군중을 설득하기 시작했다.

"우리는 비 때문에 길이 막혀 이미 기한 내에 도착하기란 불가능합니다. 우리는 모두 죽을 게 뻔합니다. 설령 당장 죽임을 당하지 않더라도 국경을 지키다 죽기는 마찬가지입니다. 사내대장부로 태어나 이렇게 죽을 수는 없지 않습니까? 어차피 죽을 바에는 이름이나 날립시다. 왕과 제후, 장수와 재상의 씨가 어찌 따로 있겠습니까?"

군중도 진승의 뜻에 따르기로 했다. 진승과 오광이 이끄는 반란군은 주변의 성을 함락시키고 파죽지세로 밀고 나갔다. 마침내 진승은 나라 이름을 '장초'라 하고 스스로 왕위에 오르기도 했다.

진승은 반란을 통해 나라를 세우고 스스로 왕이 되어 '왕과 제후, 장수와 재상의 씨가 어찌 따로 있겠습니까?'라고 한 말을 증명해 보였다. 물론 어디까지나 당시에 해당하는 일이고 지금은 거의 불가능하다. 과거에는 개천에서도 용이 났지만, 지금은 개천에서 나오는 용은 거의 없다. 힘없고 가지지 못한 사람들은 살기가 점점 어려워지고 있는 현실이지만, 그래도 자신에게 최선을 다하는 것이 최선의 방책이다.

067

왕을 도울 만한 재능

왕좌지재
王佐之才

임금 **왕** 도울 **좌** 갈 **지** 재주 **재**

왕을 보좌하여 큰 공을 세울 만한 능력을 가진 인재를 비유하는 말이다.

출전《후한서後漢書》〈정공순열전鄭孔荀列傳〉

대통령을 만드는 사람을 가리켜 킹메이커라고 한다. 예로부터 지금까지 왕이나 대통령은 당사자 힘만으로는 안 된다. 반드시 힘이 되어 주는 사람이 있기 마련이다. 왕이나 대통령은 하늘이 낸다는 말이 있을 정도로 귀하고 소중한 자리이다. 아무나 하고 싶다고 해서 되는 자리가 아니다.

왕이나 대통령이 되려면 본인의 탁월한 능력이 기본 조건이다. 인품이 좋아야 하며 어질고 덕망을 갖추어야 한다. 나아가 타인을 배려하고 살필 줄 아는 눈이 좋아야 한다. 무엇보다 도움을 줄 좋은 인재들을 많이 확보해야 한다. 인재들은 아이템을 내고 유기적으로 움직이면서 어떤 상황에서도 문제점을 해결할 능력을 갖춰야 한다. 그렇게 백성이나 유권자에게 왕이나 대통령이 되기에 부족함이 없는 사람이라는 것을 인식시켜야 좋은 결과를 낸다.

순욱은 명문가에서 태어났다. 조부 순숙은 순자의 11세손이다. 순숙은 당시 조정을 쥐고 흔들며 권세를 떨치던 양기의 일족을 비판하는 당당함과 용기로 백성들로부터 신군神君이라 불리었다. 아버지 순곤은 상서에서 제남의 재상이 되었다. 숙부 순상은 동탁으로부터 사공에 임명되었다. 순욱은 명문가의 자제답게 용모가 단정하고 수려했으며, 겸허하고 검소한 인품으로 사람들로부터 칭송이 자자했다.

어느 날 남양에 사는 하옹이란 자가 순욱을 보고 말했다.

"왕을 보필할 재주를 지녔구나."

순욱은 고향이 침략자들로 인해 쑥대밭이 되리라 생각하여 가족을 이끌고 기주로 갔다. 기주를 장악한 원소는 순욱의 명성을 익히 아는지라 예우를 하였다. 순욱은 원소가 큰일을 도모할 인물이 되지 않는다고 여겨 조조에게 갔다. 조조는 반겨

맞으며 크게 기뻐하였다.

순욱은 출중한 지혜와 선견지명의 지략으로 조조에게는 천군만마보다도 더 큰 자산이었다. 순욱은 내는 계책마다 조조에게 승리를 안겨 주었다. 순욱은 뛰어난 지략과 공정한 자세로 조조를 보좌하여 위나라가 중원의 패권을 차지하게 하였다. 순욱은 조조가 마음 놓고 전투에 임하도록 조정을 안정시켰으며, 여러 인재를 천거하여 조조에게 큰 힘이 되었다.

킹메이커가 되기 위해서는 출중한 지혜와 도덕성, 뛰어난 인품을 지녀야 한다. 상황을 읽는 정확한 판단력을 갖춰야 하며, 어떤 상황에서도 흔들림 없는 냉철한 이성을 지녀야 한다. 나아가 일인자에 대한 충성심이 절대적이어야 한다.

068

머리는 용이나 꼬리는 뱀

용두사미
龍頭蛇尾

용 용 머리 두 뱀 사 꼬리 미

시작은 거창했지만
끝은 보잘것없는 것을 비유하는 말이다.

출전《벽암록碧巖錄》

무언가를 정말 해보겠다는 사람은 처음부터 시끌벅적하게 요란을 떨지 않는다. 치밀하게 계획을 세우고 돌다리도 두드려 보는 심정으로 차근차근 실행해 나간다. 내가 무엇을 합네, 소문도 내지 않는다. 그런데도 어느 날 무언가를 번듯하게 해 놓은 모습을 보인다.

이와는 반대로 무슨 일을 하면서 시작만 아주 그럴듯한 사람이 있다. 보이기 위한 수단일 수도 있지만, 지나쳐서 오히려 의구심을 자아내는 경우도 있다. 문제는 인내심이 없어 끝까지 일을 잘 진행하는 사람이 드물다는 것이다. 마치 빈 수레가 요란함과 같다. 이런 사람은 사기성이 농후한 경우가 의외로 많다. 한마디로 실속이 없다.

송나라에 진존자라는 대사가 용흥사라는 절에서 수행 중이었다. 어느 날 한 스님을 만났다. 서로 이야기를 나누며 자신의 생각을 전하는데, 갑자기 상대 스님이 "할!" 하면서 호령을 하였다. 진존자는 스님을 바라보며 웃었다.

"허허, 이거 야단 한번 맞았소이다."

다시 한 번 스님이 "할!" 하고 호령하며 꾸중을 하였다. 얼핏 보기에 그 스님은 도를 닦은 도승처럼 그럴듯해 보였다. 그러나 진존자는 속으로 '잠깐 보기에는 그럴듯하지만 참다운 도를 깨치지는 못했다. 모르긴 해도 한갓 용의 머리와 뱀의 꼬리일 것이다'라고 생각하고는 스님에게 물었다.

"스님은 위세가 좋은데 세 번, 네 번 소리친 뒤에는 무엇으로 마무리를 지을 생각이시오?"

진존자의 말에 스님은 속셈이 드러났음을 알고는 뱀의 꼬리를 내보이고 말았다고 한다.

상대 스님은 자신을 드러내 보이고 싶은 마음에 공연히 큰 소리로 호령하며 진존자의 마음을 꺾으려고 했다. 법력이 높은 진존자는 상대 스님의 얄팍한 꼼수에 넘어가지 않았다. 도리어 상대 스님이 진존자의 물음에 넘어가고 말았다.

별 실력도 없는 사람들이 아주 그럴 듯하게 자신을 포장하곤 한다. 속 빈 강정처럼 실속이 없을뿐더러 사람들에게 놀림거리가 되기에 딱 안성맞춤이다. 거짓 삶을 살지 말아야 한다. 하나의 허상처럼 인생을 퇴보시키며, 자신의 이미지도 추락하고 마는 유치하고 어리석은 짓이다.

069 우공이 산을 옮기다

우공이산 愚公移山

어리석을 **우** 공평할 **공** 옮길 **이** 메 **산**

하고자 하는 마음만 굳게 먹으면
못할 것이 없음을 이르는 말이다.

출전《열자列子》〈탕문湯問〉

불가능은 없다. 강한 의지와 신념만 있다면 무엇이든 충분히 할 수 있다. 물론 인간의 힘으로 어쩔 수 없는 일도 많다. 하지만 어디까지나 인간의 한계를 벗어난 일에 한한다. 그냥 보기에는 인간의 한계를 느끼게 하는 일이라도 강한 의지로 해내는 경우도 많다.

인간은 약해 보이지만 내면에 잠재된 능력은 의외로 크다.

물론 강한 의지와 신념을 가진 사람에게 해당하는 말이다. 세계사적으로 인간의 한계를 넘어서는 불가사의한 일을 보면 여실히 증명된다. 이집트의 피라미드는 돌 하나의 무게가 무려 2톤이 넘는다. 그런 돌들을 수십 층 높이로 쌓아 올렸다. 현대 과학으로도 놀라운 작업이다. 머잖아 우주여행 시대도 열린다고 한다. 무한한 인간의 능력을 알게 한다.

먼 옛날 나이가 아흔인 우공이라는 노인이 살고 있었다. 노인이 사는 마을 앞뒤로 태형산과 왕옥산이 있었다. 산은 사방 칠 백리에 높이는 만 길이나 되었다. 산이 길을 막고 있어서 출입을 하려면 멀리 우회해야 하니, 여간 불편한 게 아니었다. 우공이 가족에게 말했다.

"나와 너희들이 힘을 합해 험준한 산을 평평하게 만들면 다니기가 편할 것이다. 할 수 있겠느냐?"

모두들 하겠다고 말했으나 부인이 반대했다.

"그 힘든 일을 어찌 할 수 있으며, 파낸 흙과 돌은 어디에다 버릴 건가요?"

그래도 우공은 아들, 손자와 함께 돌을 깨고 흙을 파서 삼태기로 운반했다. 겨울과 여름이 바뀌는 동안 겨우 한 번 왕복했다. 우공의 모습을 보고 한 노인이 비웃으며 말했다.

"당신의 어리석음이 아주 심하구려. 당신의 남은 생애와 힘으로 산의 풀과 나무도 없애기 어려울 텐데, 흙과 돌을 다 어떻게 한단 말이오."

우공이 탄식하며 답했다.

"당신의 막힌 생각은 고칠 수가 없는가. 내가 죽더라도 아들이 있고, 아들이 손자를 낳지 않는가. 손자가 또 자식을 낳으니 자자손손 끊이지 않지만, 산은 더 커지지 않네. 어찌 평평해지지 않는다고 걱정할 필요가 있겠나."

노인은 대꾸조차 할 수가 없었다. 산에 사는 신령이 우공의 말을 듣고 두려워하여 상제에게 호소했다. 상제는 우공의 정성에 감동하였다. 상제는 힘센 신에게 명하여 두 산을 업어다 하나는 삭동에 두고, 하나는 옹남에 두게 하였다.

매우 황당무계한 이야기지만, 우공의 의지와 신념은 상제의 마음을 감동시키기에 충분했다. 말도 안 되는 일도 하고자 하는 마음만 있다면 아주 불가능하지만은 않다는 것을 알게 해준다. 무엇을 하겠다는 의지와 신념이 그만큼 중요하다.

070

끼리끼리 어울리다

유유상종
類類相從

무리 **유** 무리 **유** 서로 **상** 좇을 **종**

서로 같은 무리끼리
자연스럽게 어울리는 것을 말한다.

출전《전국책戰國策》〈제책齊策〉

대개 자신과 비슷한 성격을 가진 사람을 사귄다. 몸에 잘 맞는 옷처럼 아주 자연스러운 일이다. 자신과 성격이 다른 사람은 일단 경계심을 갖는다. 혹여 나에게 부정적으로 작용하지는 않을까 하는 생각 때문이다.

어떤 단체에 가입하더라도 자신과 비슷한 취미를 가진 사람들의 모임에 든다. 비슷한 취미를 가진 사람들이 잠재적으로 친밀감을 주기 마련이다. 독서를 좋아하는 사람들끼리, 등산을 좋아하는 사람들끼리, 축구를 좋아하는 사람들끼리, 노래를 좋아하는 사람들끼리 어울린다. 그저 함께하기만 해도 즐거워서 늘 모임 시간이 기다려지곤 한다.

흔히 끼리끼리 어울린다는 말을 하는데, 바로 이러한 경우이다. 친구를 보면 그가 어떤 사람인지 알 수 있다는 말도 같은 맥락이다.

춘추 전국 시대 제나라 선왕이 어느 날 신하 순우곤에게 말했다.

"그대는 전국 각 지방을 샅샅이 뒤져서 재능 있는 인재들을 찾아보시오."

나라의 동량이 될 인재가 많을수록 더욱 발전한다는 것을 잘 아는 순우곤은 선왕의 명을 받들어 인재 찾기에 나섰다. 며칠 후 순우곤은 일곱 명의 인재를 데리고 왔다.

"귀한 인재를 일곱 명이나 데리고 오면 너무 많지 않소?"

선왕이 놀라서 말했다. 어떻게 짧은 시간에 인재를 일곱 명씩이나 데리고 왔느냐 물음이었다. 순우곤은 차분한 목소리로 말했다.

"새는 같은 깃을 가진 무리끼리 어울리고, 짐승도 같은 발굽을 가진 무리끼리 어울려 삽니다. 인재도 마찬가지입니다. 저야말로 인재가 모이는 밭과 같습니다. 제가 인재를 모으는 것은 강에서 물을 얻는 바와 같습니다."

순우곤의 말에 선왕은 엷은 미소를 지으며 고개를 끄덕였다. 순우곤의 말을 듣고 보니 이치에 매우 합당함을 깨달은 것이다.

"방이유취方以類聚 물이군분物以群分."

《역경》〈계사전〉에 나오는 글로, '방법과 성질이 유사한 것끼리 모이고, 만물은 무리를 지어 산다'라는 뜻이다. 이 글에서 '물이유취物以類聚'라는 말이 나왔는데, 같은 의미인 유유상종도 여기에서 유래되었다.

인간이든 동물이든 꽃이든 같은 이치다. 사람은 자신과 성격이나 취미가 비슷해야 자연스러운 어울림을 갖는다. 사자는 사자끼리, 사슴은 사슴끼리 모여 산다. 들국화는 들국화끼리, 민들레는 민들레끼리 무리 지어 핀다. 세상의 이치는 순리를 좇으므로 한 치의 오차도 오류도 없다. 순리를 벗어나면 모든 것이 중구난방이 되고 오합지졸이 되는 것이다.

071

의지를 가지고 마침내 이루다

유지경성
有志竟成

있을 **유** 뜻 **지** 마침내 **경** 이룰 **성**

뜻을 가지고 노력하는 사람은
반드시 목적을 이룬다는 의미이다.

출전 《후한서後漢書》 〈경엄열전耿弇列傳〉

의지가 굳은 사람은 무엇을 하더라도 성공할 확률이 높다. 의지는 누구나 가져야 할 여러 가지 조건 중에서도 가장 기본적이면서 중요한 조건이다. 아무리 지혜가 뛰어나고 재주가 출중해도 의지가 없으면 엔진 출력이 낮은 자동차처럼 힘을 제대로 펼치지 못한다. 엔진을 보강하여 출력을 높이듯 의지도 길러야 한다.

의지를 기르기가 생각처럼 쉽지 않다. 마음을 단련하려면 강인한 인내심과 노력이 따라야 한다. 참고 견디어 내면 강철 의지를 기르지만, 그렇지 못하면 의지는 나약해진다. 의지란 곧 마음의 문제이자 정신력의 문제이다.

한나라 사람 경엄은 말을 타고 칼을 쓰며 무용을 자랑하는 무관을 보고 자신도 장군이 되길 꿈꾸었다. 당시 혼란스러운 정국으로 도처에서 반란이 일어났는데, 한나라 왕족인 유연과 유수 형제도 한 왕조의 부흥을 위해 군사를 일으켰다. 경엄은 유수가 병사를 모집한다는 말을 듣고 그의 부하가 되어 많은 공을 세웠다. 경엄은 결국 유수가 동한을 건국하고 광무제로 즉위하는 데 크게 기여했다.

경엄은 광무제와 함께 남양에 도착해서 자신이 품고 있는 계획을 건의하였다. 이른바 경엄의 '남양 전략'이었다. 광무제는 경엄의 계획을 받아들였지만, 실현성에 대해서는 반신반의하였다. 경엄은 자신의 계획대로 주변 세력들을 진압하였다. 그 사이 경엄의 아버지 경황과 동생 경서가 다른 쪽 세력을 평정했다.

광무제는 경엄에게 장보를 치라고 명령했다. 경엄은 황하를 건너 장보의 주력 군대와 맞서 싸웠지만 열세였다. 게다가 다리에 화살을 맞아 어려운 상황이었다. 경엄의 부하가 퇴각한 뒤 전열을 가다듬어 공격하자고 했지만, 말을 듣지 않고 다시 공격하여 승리하였다. 광무제가 경엄을 칭찬하며 말했다.

"장군이 전에 남양에서 천하를 얻을 큰 계책을 건의할 때는 실현 가능성이 없다고 여겼는데, 뜻이 있는 자는 마침내 성공하는구려."

이루겠다고 마음먹고 강철 의지로 최선을 다하면 불가능한 일도 능히 해낸다. 강철 의지와 신념은 모든 성공의 어머니이다.

072

울면서 마속을 베다

읍참마속
泣斬馬謖

울읍 벨참 말마 일어날속

공정한 법 집행과 대의를 위해서는 사사로운 정을 버려야 함을 이르는 말이다.

출전《삼국지三國志》〈동류마진동려전董劉馬陳董呂傳〉

나랏일을 하는 사람, 기업이나 기관의 관리자, 군대의 지휘관 등 책임을 맡고 있는 사람이 반드시 갖춰야 하는 덕목이 있다. 첫째는 정직, 둘째는 공정, 셋째는 덕망, 넷째는 품격, 다섯째는 관용, 여섯째는 책임감, 일곱째는 포용력, 여덟째는 경청하는 자세, 아홉째는 신상필벌, 열 번째는 두려움을 모르는 용기이다.

특히 공정함에 있어서는 분명해야 한다. 공정하지 못하면 제대로 아랫사람들을 통솔하지 못한다. 그가 누구든 정에 이끌리지 말고 공정하게 일을 처리해야 아랫사람들의 원망이 없고, 일사불란하게 움직일 수 있다.

제갈량이 군사를 이끌고 위나라를 공격했다. 위나라를 공격하기 위해 한중을 나와 장안을 향해 진격하였다. 한중에서 기산을 향해 우회하면서 천수, 안정, 남안 등 3개 군을 공략하고, 기산에 도착한 다음 장안으로 진격하는 전략이었다. 위연은 자오곡을 가로질러 곧바로 장안을 기습하자고 하였지만, 제갈량은 받아들이지 않았다. 국력을 총동원한 이 전투에서 성공하면 좋겠으나, 만일 패하기라도 하면 국력이 약화될 만큼 큰 타격을 입어야 했다.

제갈량은 전략상 요충지인 가정을 지킬 장수로 마속을 보내면서 길목을 잘 막으라고 명했다. 마속은 적을 끌어들여 역습을 하려다 참패하고 말았다. 그로 인해 제갈량은 퇴각해야만 했다. 진노한 제갈량은 마속을 옥에 가뒀다.

제갈량은 마속에게 책임을 엄히 물었고, 마속은 자신의 잘못을 인정하였다. 제갈량은 공명정대한 군율을 위해 마속을 처형하라고 명했다. 그 일이 있은 후 장졸들은 제갈량의 엄격함에 놀라 게으름을 피우는 적이 없었고, 맡은 일에 책임을 다하는 자세를 갖추었다. 결과적으로 촉나라는 제갈량의 엄격함으로 더욱 강성해졌다.

나라의 질서를 위태롭게 하거나 법을 어기는 자는 누구든 정에 매이지 말고 준엄하게 심판해야 한다. 기강을 바로잡아야 나라가 튼튼해진다. 제갈량이 제일의 지략가가 된 배경에는 탁월한 지혜와 함께 공과 사를 엄격하게 구분하여 매사에 공명정대함이 있었다.

073

인자한 사람에게는 적이 없다

인자무적
仁者無敵

어질 **인** 놈 **자** 없을 **무** 대적할 **적**

마음이 어질면 누구나
적으로 삼지 않는다는 뜻이다.

출전《맹자孟子》〈양혜왕梁惠王〉

공자는 인仁, 즉 마음이 어진 것을 인간의 참된 진리이자 반드시 갖춰야 할 덕목으로 설파하였다. 마음이 어진 사람은 어떤 상황에서도 정직하고, 탐욕이 없으며, 옳고 그름을 정확히 하고, 언제나 옳은 선택을 한다. 길이 아니면 가지를 않고, 형평성에 어긋나는 일은 멀리하며, 자신의 유익을 위해 남을 곤경에 빠뜨리지 않는다. 가난한 사람을 보면 그냥 지나치는 법이 없고, 약자를 보면 자기 일처럼 안타까워하며 도움을 베푼다.

마음이 어진 사람은 어디를 가든 본분을 잊지 않는다. 사람이 사람다워야 한다는 말은 어질어야 한다는 뜻이다.

맹자가 처음으로 유세에 나서 양나라 혜왕과 마주하였다. 양혜왕이 맹자에게 말했다.

"우리나라가 천하에서 가장 강한 나라였던 것은 선생께서도 잘 아시지요? 그런데 지금에 와서는 제나라에 패하여 큰아들이 죽었고, 진나라에게 국토를 빼앗겼으며, 초나라에게 수치를 당했습니다. 저는 이를 부끄럽게 생각하고 죽은 사람을 위해서라도 한번 설욕을 하고 싶습니다. 어찌 하면 좋은지요?"

"사방 백 리의 영토로도 왕 노릇을 할 수 있습니다. 왕께서 만일 어진 정치를 베풀어 형벌을 줄이고 세금을 내리면 백성들은 즐거이 밭을 갈고 농사를 지을 것입니다. 장정들은 일 없는 시간을 이용하여 효제충신孝悌忠信을 닦게 하여 집에 들어가서는 부형을 섬기며, 밖으로 나와서는 윗사람을 섬기게 하십시오. 그러면 몽둥이를 들고서라도 진나라와 초나라의 굳은 갑옷과 날카로운 병장기에 대적할 것입니다. 적들은 백성의 시간을 빼앗아 밭 갈고 농사지어 부모를 봉양치 못하게 하고 있습니다. 부모가 굶주림과 추위에 시달리고, 형제와 처자식은 뿔뿔이 헤어지고 있습니다. 적들이 백성을 난처하게 하는 중에 왕께서 정벌하여 바로잡으면 누가 대적하겠습니까? '어진 사람은 적이 없다'고 했습니다. 왕께서는 의심하지 말아 주십시오."

양혜왕은 분노에 사로잡혀 전쟁에 진 치욕을 씻을 방법을 알려 달라고 했다. 맹자는 인자한 마음으로 백성을 사랑하여 세금을 줄이고, 농사를 짓게 하며, 부모에게 효도하고, 임금에게 충성하는 마음을 갖도록 하라고 조언했다. 어진 마음으로 통치하면 물리적인 힘을 쓰지 않더라도 능히 적을 이긴다는 뜻이었다.

맹자의 이야기를 깊이 새길 필요가 있다. 주먹을 잘 쓰는 사람은 주먹으로 망하고, 칼을 잘 쓰는 사람은 칼로 망하는 법이다. 원수는 원수를 부르고, 적은 적을 부르는 이치와 같다. 이기는 것은 힘이 아니라 사랑, 즉 어진 마음이다.

074

한 사람을 벌하여 백 사람을 경계하다

일벌백계
一罰百戒

한 **일** 벌할 **벌** 일백 **백** 경계할 **계**

다른 사람에게 경각심을
불러일으키기 위해 본보기로
무거운 처벌을 내린다는 뜻이다.

출전 《사기史記》 〈손자오기열전孫子吳起列傳〉

사회 질서를 어지럽히는 '일어탁수一魚濁水' 같은 사람이 있다. 미꾸라지 같은 사람은 본성이 타고난 사람이라 쉽게 버릇을 고칠 수 없다. 세금을 포탈하기 위해 갖은 방법을 동원하는 사람도 미꾸라지 같은 사람이며, 남의 불행을 자신의 즐거움으로 아는 사람도 미꾸라지 같은 사람이다. 교통질서 어지럽히기를 아무렇지도 않게 하는 사람도, 보험금을 노리고 온갖 수단과 방법을 동원하는 사기꾼도, 금연 구역에서 담배를 피워 다수에게 피해를 주는 사람도 마찬가지이다.

미꾸라지 같은 사람은 양심을 쓰레기처럼 여긴다. 그저 나만 좋으면 그만이라는 식이다. 매사가 이러하여 개과천선하지 않는 이상, 자발적으로 못된 버릇을 고치기란 심히 어렵고도 어렵다. 이런 사람에게 필요한 것이 바로 '일벌백계'이다.

제나라 사람 손무는 오나라 왕 합려를 만나 말했다.

"전하, 소인은 여인으로도 능히 강병을 만들 수 있습니다."

손무에 말을 듣고 합려는 말했다.

"좋소. 나의 궁녀들을 훈련시켜 보시오."

손무는 궁녀 180명을 2개 부대로 나누고, 왕이 아끼는 후궁 두 사람을 각각 대장으로 삼았다. 궁녀들에게 군령을 설명하고 북을 울려 움직이게 했다. 처음에는 궁녀들이 명령을 따르지 않았다. 명령이 제대로 전달되지 않은 것은 장수의 책임이라 말하고, 다시 군령을 설명하였다.

그 후 북을 울려 군령을 내렸다. 역시나 궁녀들은 웃기만 하고 명을 따르지 않았다. 손무는 군령이 분명함에도 따르지 않는 것은 대장의 책임이라 추궁하였다. 손무는 합려의 만류에도 불구하고 대장 후궁의 목을 베고 다른 궁녀를 대장으로 삼았다. 이번에는 궁녀들의 동작이 모두 규칙에 맞았고, 어느 누구도 웃는 사람이 없었다. 합려는 손무의 능력을 인정하고 장군으로 임명하였다.

잘못한 한 사람 때문에 질서가 깨지고 사회와 다수의 사람들이 위협받는다면 온당치 못한 상황이다. 정의 사회를 구현하기 위해서는 법을 어기고 질서를 어지럽히는 미꾸라지 같은 사람에게 반드시 중하게 벌을 내려야 한다. 엄히 벌하지 않고 사람에 따라 대우를 해주면 오히려 법을 우습게 만들 뿐이다. 일벌백계의 중요성이 여기에 있다.

075 뜻 하나로 모든 것을 꿰뚫다

일이관지
一以貫之

한 **일** 써 **이** 뚫을 **관** 갈 **지**

처음부터 끝까지 변하지 않거나,
초지일관 끝까지 밀고 나가는 것을 뜻한다.

출전《논어論語》〈이인里仁〉

하나를 보면 열을 안다는 말이 있다. 처음 만났을 때나 세월이 흐른 뒤에도 늘 한결같은 사람이 있다. 사시사철 푸른 소나무처럼 변함이 없다. 이런 사람은 진정 믿을 수 있는 진실한 사람이다. 어떤 말도 마음 놓고 해도 되고, 무엇을 맡겨도 안심이 된다. 반면 변덕이 죽 끓듯 하는 사람은 믿을 수가 없다. 그 사람의 모든 것이 불신을 받는다.

무슨 일을 시작하면 어떤 시련과 역경이 따른다 해도 끝까지 밀고 나가는 사람이 있다. 한 마디로 말해 초지일관이다.

비단 사람만의 문제이던가. 학문도 마찬가지다. 학문도 하나를 통해 전체를 알 수 있다. 어떤 문제로 끝나는 것이 아니라 유추하여 전체를 꿰뚫는 것이다. 통찰력이 뛰어난 사람은 같은 것을 봐도 하나로써 전체를 짚어 내는 능력이 탁월하다. 통찰력을 길러야 하는 이유이다.

공자의 물음에 대해 정확히 알고 있는 제자는 증자뿐이었다. 공자가 증자에게 물었다.

"증자야, 나의 도는 하나로써 꿰었도다."

증자가 말했다.

"옳습니다."

공자가 나가자 제자들이 무엇을 이른 거냐고 물었다. 증자가 답했다.

"선생님의 도는 충忠과 서恕일 뿐이다."

다음은《논어》〈위령공〉에 나오는 일화이다. 공자가 제자인 자공에게 물었다.

"자공아, 너는 내가 많이 배워서 모든 것을 아는 사람이라고 생각하느냐?"

"그렇지 않으신지요?"

"그렇지 않다. 나는 하나로써 모든 것을 꿰뚫었을 뿐이니라."

자공은 아는 것이 많고 이재에 밝았지만, 근본을 아는 깨우침을 주기 위해 공자가 물은 것이다.

공자의 충과 서는 어디에서 오는가. 바로 어진 마음, 즉 인仁에서 온다. 인은 공자 사상의 핵심이자 전체를 관통하는 의미이다. 자신에게 하듯 보내는 타인에 대한 사랑이라고 할 수 있다.

076

하루에 세 가지씩 자신을 살피다

일일삼성
一日三省

한**일** 날**일** 석**삼** 살필**성**

하루에 세 가지씩 자신의 말과 행동을 살피어 반성하라는 뜻이다.

출전《논어論語》〈학이學而〉

사람을 천지 만물의 으뜸이라 하지만, 말과 행동이 그릇되고 부족함이 많은 존재이다. 부족함을 그대로 둔다면 개나 돼지만도 못한 존재로 전락하고 만다. 다행히도 사람은 깨달음의 존재이다. 자신의 잘못을 살피어 반성하면 그릇됨에서 벗어날 수 있다. 이를 알고도 행하지 않는 사람이 있다. 자신을 금수와 같이 여기는 까닭이다. 죄를 짓고도 전혀 뉘우침이 없어 같은 죄를 반복적으로 짓는다. 곧 스스로를 파멸로 이끄는 어리석음이며 무지라 하겠다.

이와 같은 실수를 범하지 않으려면 날마다 자신을 살필 줄 알아야 한다. 자신이 다른 동물과 다른 존재임을 확연하게 드러내는 과정이다.

공자의 제자 중 증자라는 이가 있다. 증자는 자기반성을 잘하기로 유명했다. 증자는 날마다 세 번씩 반성을 했다고 한다.

"나는 날마다 세 가지로 자신을 살핀다. 다른 사람을 위해 계획하고 정성을 다했는가? 친구와 사귀면서 믿음을 잃지 않았는가? 스승에게 배운 것을 익히지 못했는가?"

하루에 세 번 반성한 증자를 보면 인간으로서 마땅히 해야 할 도리를 알게 된다. 보통 사람들은 증자처럼 하지 못할 뿐만 아니라, 자신의 잘못마저 그대로 방치한다. 그러다 보니 원성과 듣기 싫은 말이 돌아온다. 증자가 존경받는 인물이 될 수 있었던 것은 매일 자신을 반성하여 바르고 올곧게 살아갔기 때문이다. 잘못은 누구나 하지만 반성은 아무나 하지 않는다. 잘못을 저지른다면 망설임 없이 반성하는 쪽을 택해야 할 것이다.

일일삼성과 같은 뜻으로는 '삼성오신三省吾身'이라는 말이 있다.

077

귀로 들어온 것을 마음속에 붙이다

입이착심
入耳著心

들입 귀이 붙을착 마음심

들은 것을 마음속에 새겨
잊지 아니함을 이르는 말이다.

출전 《순자荀子》 〈권학勸學〉

'양약고구리어병良藥苦口利於病 충언역이리어행忠言逆耳利於行'이라는 말이 있다. '좋은 약은 입에 쓰지만 병을 낫게 하고, 바른말은 귀에 거슬리지만 행동을 바르게 한다'는 뜻이다. 바른 말이나 좋은 글을 마음에 잘 새겨 두고 때마다 음미하며 행동의 거울로 삼는 사람이 있다. 말과 행동이 반듯하여 다른 사람들로부터 '괜찮은 사람이야'라는 말을 듣는다.

바른말 듣기를 싫어하고 좋은 글을 봐도 아무런 반응을 보이지 않는 사람도 있다. 제멋대로 구는 사람이다. 말과 행동이 거칠고 남을 의식하지 않아 눈살을 찌푸리게 한다. 다른 사람들에게서 '배워 먹지 못한 인간이야'라는 소리를 달고 산다.

마음가짐을 어떻게 하느냐에 따라 삶을 변화시킬 수 있다. 옳지 못한 말과 행동으로 지탄받는 사람도 바른말을 마음에 새기고 거울로 삼아 행동한다면 삶을 얼마든지 변화시킨다. 좋은 말을 마음에 새기고, 좋은 글을 메모해 두는 습관을 기른다면 자신의 말과 행동에 빛과 소금이 되어 줄 것이다.

순자는 〈권학〉에서 다음과 같이 말했다.

"군자의 학문은 귀로 들어가 마음속에 붙어 온몸에 퍼져서 행동으로 나타난다. 소곤소곤 말하고 조심스럽게 행동하여 한결같이 모범으로 삼을 만하다. 소인의 학문은 귀로 들어가 입으로 나온다. 입과 귀 사이는 네 치 정도여서 어찌 일곱 자나 되는 몸을 아름답게 하겠는가. 옛날의 성현들은 자신을 위하여 학문을 하였으나, 오늘날의 학자들은 남에게 보이기 위한 학문을 한다. 군자의 학문은 자신을 아름답게 하기 위함이나, 소인의 학문은 출세를 위한 수단일 뿐이다."

순자의 지적은 날카로운 침과도 같다. 곡학아세란 말처럼 오늘날의 학자들 중에는 학문을 자신을 나타내는 구실로 삼는 이가 있다. 단지 자신의 출세를 위해서이다. 제자의 논문을 베끼는가 하면, 남의 저서를 자기 것처럼 표지를 바꿔서 사회적으로 지탄을 받는다. 어디 그뿐인가. 제자의 시를 자신의 시라며 시집에 넣어 항의를 받는가 하면, 돈을 받고 제자의 논문을 통과시켜 주는 등 학문을 하는 자로서의 행태가 졸렬하고 추잡하기 이를 데 없다.

학문의 본질은 아는 것에 있다. 공부하고 연구한 내용을 알려 다수의 사람들에게 깨우침을 주고, 사람다운 삶을 살아가도록 해야 한다. 자신의 출세와 영달을 위해서만 학문을 이용한다면 이미 학문이 아니다. 학문을 가장한 거짓 학문에 불과하다. 군자처럼 자신을 윤택하게 함으로써 타인도 윤택한 삶을 살도록 해야 한다.

078

스스로 힘쓰고 쉬지 않다

자강불식
自强不息

스스로 **자** 강할 **강** 아니 **불** 쉴 **식**

쉬지 않고 스스로 힘써
끊임없이 노력함을 의미한다.

출전《역경易經》〈상전象傳〉

원하는 삶을 살기 위해서는 보통으로 해서는 안 된다. 보통이란 누구나 할 수 있는 평균적인 의미를 내포한다. 어떻게 보통으로 해서 그 이상의 삶을 살며, 나아가 원하는 삶을 살겠는가. 한마디로 어불성설이다. 보기에 부러운 사람이라든가 닮고 싶은 사람은 보통 사람들이 생각하는 것의 수십 배, 수백 배 이상의 노력 끝에 이뤄 낸 삶을 산다. 땀방울의 양에 따라 삶의 등급이 바뀐다. 어떤 삶이라도 절대 공짜로 살 수 없다.

삶이란 묘한 얼굴을 숨기고 있는 드라마이다. 자신의 삶은 어떻게 각본을 쓰고, 연출하고, 역할을 하느냐에 따라 품격이 달라진다. 이런저런 이유로 삶의 얼굴은 제 모습을 달리한다. 자신의 빛깔과 향기로 품격 있는 드라마를 쓰고 싶다면 멋지게 각본을 쓰고, 연출하고, 연기하면 된다. 연기를 위해서는 대단한 인내와 열정, 끝까지 하는 뒷심이 절대적으로 필요하다. 때에 따라서는 뼈를 깎는 고통이 따르고, 눈물과 콧물을 흘리는 아픔도 있다. 자신이 원하는 삶을 이루기 위해서는 포기해서는 안 된다. 포기하지 않고 끝까지 가는 자만이 품격 있는 삶을 이루고 유유자적한다.

《역경》〈상전〉에 다음과 같은 이야기가 있다.

"천행건天行健 군자이자강불식君子以自强不息."

'천체의 운행은 건실하니, 군자는 본받아 스스로 힘쓰고 쉬지 않는다'라는 뜻이다. 무엇을 의미하는가. 우주 만물 중 천체는 언제나 자연의 법칙대로 운행한다. 한 치의 어긋남도 없다. 어긋남이 있다면 우주의 질서를 깨뜨리는 불미스러운 일이다. 자연의 법칙은 언제나 우주의 질서 안에서 이뤄지는 까닭에 조화로움을 유지하는 것이다.

높은 학식과 덕행을 가진 군자는 이를 본받아 삶의 질서를 깨뜨리지 않고, 스스로 몸과 마음을 닦고 단련하여 자신의 목적을 위해 힘쓰는 자이다. 그렇게 해야 자신이 원하는 품격 있는 드라마의 주인공이 된다.

이것이 군자의 삶만을 뜻하는가. 군자는 아무나 될 수 없다. 군자의 길은 험난한 길이다. 군자의 삶을 살면 좋겠지만, 군자의 삶까지는 아니더라도 자신이 추구하는 삶을 살아야 한다. 그것이 한 번뿐인 인생에 대한 예의이다. 자신의 인생에 예와 도를 다하는 삶이야말로 군자의 삶이 아닐까.

079

스스로 자기 몸을 줄로 얽어매다

자승자박
自繩自縛

스스로 **자** 노끈 **승** 스스로 **자** 얽을 **박**

자신이 한 말과 행동이 도리어 자신을 얽어매 난처한 입장에 처했음을 비유하는 말이다.

출전 《한서漢書》〈유협전遊俠傳〉

자기 꾀에 자기가 넘어간다는 말이 있다. 얄팍한 수를 쓰다 자신이 도리어 당하는 경우를 두고 하는 말이다. 사람은 어떤 일에서도 정도를 벗어나면 안 된다. 그것은 스스로를 속이는 것은 물론, 상대도 속이는 것이다. 상대뿐만 아니라 자신도 곤경에 처하게 만드는 어리석은 짓이다.

자신의 유익을 위해서라면 상대에게 아픔을 주면서까지 수

단과 방법을 가리지 않는 사람이 있다. 아주 그럴듯한 말로 꾀면 그나마 신사다. 일반적인 상식을 넘어서는 술수도 서슴지 않는다. 당연히 상대가 잘 모르게 행한다. 권모술수에 능한 사람은 어떻게 하든 자신이 생각하는 대로 일을 만들어 나간다. 그리고는 자신의 능력이 출중해서라는 생각에 젖어 다음에도 야비하고 비도덕적인 술책을 멈추지 않는다.

세상은 그리 호락호락하지 않다. 그들이 결코 잘되는 꼴을 언제까지나 지켜보고 있지 않는다. 반드시 그들의 술책에 메스를 가한다. 세상에 비밀은 없다. 어떻게든 진의가 드러나게 되어 있다. 자신이 행한 말과 행동에 스스로 꽁꽁 묶여 버리는 경우가 발생한다. 옳지 않은 일은 반드시 원래대로 되돌아간다.

자승자박은 《한서》 〈유협전〉에 나오는 '자박自縛'이라는 말에서 유래되었다.

한나라에 원섭이라는 사람이 있었다. 어느 날 원섭의 노비가 시장에서 백정과 말다툼을 벌이다 화를 참지 못하고 죽이고 말았다. 태수 윤공이 노비의 주인 원섭을 죽여 위엄을 드러내려고 하자 여러 협객들이 글을 올렸다.

'원섭의 종이 법을 어긴 것은 부덕한 탓입니다. 원섭이 웃옷을 벗고 스스로 옭아매어 화살로 귀를 뚫고 법정에 나가 사죄하면 당신의 위엄은 유지될 것입니다.

자신이 한 말과 행동으로 난처한 입장에 처하는 것처럼 우스운 꼴은 없다. 쥐구멍에라도 들어가고 싶은 심정이 든다. 자기가 만든 법에 자기가 해를 입는다는 뜻의 '작법자폐作法自斃'도 자승자박과 비슷한 말이다.

말과 행동을 잘해야 한다. 내가 이런 말을 하면 어떤 일이 생길까, 내가 이렇게 행동하면 과연 어떤 일이 벌어질까를 먼저 생각해야 한다. '삼사일언三思一言'이란 말이 있다. 세 번 생각하고 한 번 말하라는 뜻이다. 그래야 말로 인한 뒤탈을 막는다. '삼사일행三思一行'이란 말은 세 번 생각하고 한 번 행동하라는 말이다. 자신이 한 말과 행동에 스스로 결박되는 경우는 없어야겠다.

080 지은 마음이 삼 일을 못 가다

작심삼일
作心三日

지을 **작** 마음 **심** 석 **삼** 날 **일**

마음을 단단히 먹은 결심이
사흘만 지나면 흐지부지해짐을 이른다.

출전 《맹자孟子》 〈등문공滕文公〉

새해가 되면 사람들은 저마다 계획을 세운다. 아이들은 점수를 높이기 위한 계획표를 작성해서 책상 앞에 붙여 놓고, 남자들은 술을 줄이거나 담배를 끊자고 다짐한다. 여자들은 다이어트를 해서 살도 빼고 탄력 있는 몸매를 만들어야겠다며 스스로에게 맹세한다. 표정이 사뭇 진지하고 결연하여 금방이라도 목표를 이룰 듯이 보인다.

사람에 따라 정도의 차이가 있으나 대개는 한 달도 못 가 흐지부지해지고 만다. 그리고는 변명하기에 바쁘다. 변명치고는 너무 빤한 변명을 눈 하나 깜빡 안 하고 한다. 그런 다짐은 아니함만 못하다. 자신에게 매우 미안한 다짐이다.

누구에게나 24시간이 주어진다. 다른 것은 불평등이 있어도 시간은 사람을 가리지 않는다. 누구에게나 평등하게 주어지는 시간이다. 시간이 없다는 말은 설득력이 떨어진다. 정작 시간이 없다 해도 여기서 줄이고 저기서 줄이다 보면 생긴다.

'시작이 반이다'라는 격언처럼 일단 시작하면 이미 반은 한 바나 다름없다. 나머지 반을 향해 독하게 해 나가면 된다. 독하지 않으면 절대 할 수 없는 것이 목표 달성이다. 그렇게 하지 못하니까 '작심삼일'이라는 말이 당연하게 느껴지지 않는가. 마치 나약한 인간의 의지를 보는 것 같아 씁쓸한 생각이 든다.

《맹자》의 〈등문공〉에 '작어기심作於其心'이라는 말이 있다. '그 마음에서 일어나서'라는 뜻으로, 작심삼일의 유래이다. 작심삼일은 두 가지 의미로 쓰인다. '사흘을 두고 생각하여 비로소 결정하였다'라는 긍정적인 의미, '마음을 단단히 먹었으나 사흘만 지나면 흐지부지해진다'는 부정적인 의미이다. 지금은 부정적인 의미로 더 많이 사용되고 있다.

'조선공사삼일朝鮮公事三日'이라는 말이 있다. '조선의 정책이나 법률 같은 공무는 사흘밖에 못 간다'는 뜻이다. 우리나라 사람의 성격이 처음에는 잘하다가도 조금 지나면 흐지부지 넘어가곤 한다.

선조 당시 류성룡이 도체찰사로 재직하고 있었다. 마침 각 지방마다 발송할 공문이 있어서 역리에게 주었다. 공문을 보낸 지 사흘 뒤에 다시 고칠 필요가 있어서 회수하라고 명했다. 역리는 공문을 가지고 있다가 그대로 돌려주었다. 화가 난 류성룡이 어찌 사흘이 지나도록 공문을 보내지 않았느냐고 물었다. 역리가 답했다.

"조선공사삼일이라는 말이 떠돌고 있습니다. 제 소견으로는 사흘 뒤에 다시 고치리라 예상되어 기다리느라 그리되었습니다."

류성룡이 역리의 말을 듣고 다음과 같이 말하고 공문을 고쳤다고 한다.

"가히 세상을 깨칠 만한 말이로다. 모두 나의 잘못이다."

자신은 과연 어떤 사람인가 생각해 보라. 작심삼일 스타일이라면 당장이라도 초지일관 스타일로 바꿔라. 성공적인 인생을 만드는 비결이 될 것이다.

081

화가 변하여 복이 되다

전화위복

轉禍爲福

구름 **전** 재앙 **화** 될 **위** 복 **복**

어려운 일을 잘 해결하면
도리어 좋은 일이 된다는 의미이다.

출전 《전국책戰國策》〈연책燕策〉

살다 보면 뜻하지 않게 어려운 일을 겪기도 한다. 전혀 예상하지 않았던 일이라면 심히 당황하여 갈피를 잡지 못할 만큼 당혹해진다. 그러나 마음을 가다듬고 슬기롭게 극복하면 커다란 축복이 된다. 당혹감에 빠져 이러지도 저러지도 못하고 방황한다면 절망만 돌아올 뿐이다.

인간의 생사와 화복은 스스로 조절하는 것이 아니라 신의 섭리라는 말이 있다. 그래도 자신의 의지와 신념에 따라 긍정적으로 작용하기도 하고, 부정적으로 작용하기도 한다. 그렇다면 어떻게 해야 할까. 당연히 의지와 신념을 굳게 하여 긍정적으로 작용하게 해야 한다. 그럴 때 신도 축복이라는 선물을 더해 준다.

전국 시대의 정치가 소진은 강국 진나라에 맞서 한나라, 위나라, 조나라, 연나라, 제나라, 초나라 6국의 합종책을 성사시켰다. 이로써 소진은 여섯 나라의 재상이 되어 크게 이름을 떨쳤다. 그러던 중 제나라 선왕이 연나라의 국상을 틈타 합종책을 깨고 10개의 성을 함락하였다. 소진이 연나라를 위해 제나라의 선왕을 설득하러 갔다.

"지금 연나라는 비록 약하지만 강한 진나라의 사위 나라입니다. 왕께서는 10개 성의 이익을 취하고 강한 진나라와 원한을 맺었습니다. 이제라도 10개의 성을 돌려주고 진나라에 사죄하는 편이 낫습니다. 진나라는 자기로 인하여 연나라에 성을 돌려주었다고 여겨 기뻐할 것입니다. 연나라는 잃었던 10개의 성을 그저 얻었으니 왕께 덕이 있다고 생각할 것입니다. 연나라와 진나라가 제나라를 존경하면 곧 원수가 되지 않고 든든한 친교를 맺음과 같습니다. 이는 화를 돌려 복으로 만들고, 실패로 인하여 공을 이루는 것입니다."

제나라 선왕은 소진의 말을 듣고 크게 기뻐하며 연나라에 성을 돌려주었다. 진나라에는 천금을 풀어 사과하고 형제의 나라가 되기를 간청했다.

자신이 불러일으킨 화를 복으로 돌리는 것은 지혜 중에 지혜이다.

082

끊고 갈고 쪼고 갈다

절차탁마
切磋琢磨

끊을 **절** 갈 **차** 쪼 **탁** 갈 **마**

학문이나 덕행을 열심히
갈고 닦음을 비유하는 말이다.

출전《시경詩經》〈위풍衛風〉

학문을 하는 이유는 인격을 갈고 닦아 사람의 본분을 지키고, 예와 도리를 다함에 있다. 이것을 한마디로 학문의 본질이라고 정의할 수 있다. 그래서 예로부터 학문을 도道처럼 여기었다. 당연히 학문이 뛰어난 사람은 예와 충과 효에 밝았다. 익히고 배운 것은 반드시 행동으로 옮겨야 한다는 '학행일치學行一致'에 따른 것이다.

학문은 단순히 지식만이 아니라 인간의 도를 깨치고 실천하는 것에 목적이 있다. 그런 까닭에 도를 닦듯이 학문을 연마해야 한다. 게으르고 나태해서도 안 되고, 누가 보든 안 보든 정해진 시간에 따라 스스로를 독려하고 의지와 열의를 다해야 한다. 이를 제대로 실행하지 않으면 진정한 학문을 했다고 볼 수 없다. 학문과 덕은 수행하는 마음으로 해야 제대로 할 수 있다 하겠다.

《논어》〈학이〉를 보면 공자가 제자인 자공과의 문답에서 《시경》을 인용하는 부분이 있다. 위나라 무왕의 덕을 칭송한 시의 일부이다.

자공이 스승 공자에게 물었다.

"선생님, 가난하더라도 비굴하지 않으며 부유해도 오만하지 않은 사람은 어떤 사람입니까?"

"옳긴 하지만 가난하면서도 도를 즐기고 부유하면서도 예를 좋아하는 사람만은 못하느니라."

자공이 다시 물었다.

"《시경》에 '끊고 가는 듯이 하고 쪼고 갈고 닦은 듯이 한다'고 했습니다. 선생님께서 말씀하신 것이 이와 같습니까?"

"자공아, 이제야 너와 《시경》을 논할 수 있겠구나. 이제 지나간 것을 알려 주면 다가올 것을 아는구나."

뼈를 자르는 것을 '절切'이라 하고, 상아를 다듬는 것을 '차磋'라고 한다. 옥을 쪼는 것을 '탁琢'이라 하고, 돌을 가는 것을 '마磨'라고 한다. 이는 무엇을 말하는가. 학문을 높이 쌓기 위해서는 뼈를 깎는 노력과 열정이 함께해야 함을 말한다.

083 우물 안 개구리

정저지와
井底之蛙

우물 **정** 바닥 **저** 갈 **지** 개구리 **와**

식견이 좁거나 편견에 사로잡혀
세상이 넓은 줄 모름을 비유하는 말이다.

출전 《장자莊子》 〈추수秋水〉

자기 세계에 갇혀 남의 말을 멀리하고 편견에 사로잡힌 사람을 보면 답답하기 그지없다. 자신의 말만 옳다는 아집에 사로잡힌 이들이다. 그러다 보니 더 이상 발전하기가 어렵다. 편견은 편견을 낳을 뿐이다.

식견이 좁은 사람도 예외는 아니다. 짧은 식견으로 세상을 다 아는 것처럼 말하는 이들도 지금보다 나은 학문을 쌓을 수 없다. 자신이 아는 것이 전부라고 생각하기 때문이다.

《장자》〈추수〉에 나오는 이야기이다. 황하의 신인 하백이 강물을 따라 처음으로 북해와 동해를 보게 되었다. 바다의 크기와 넓이가 강과는 비교가 되지 않았다. 하백이 놀라워하며 북해의 신인 약에게 물으니 다음과 같이 말했다.

"우물 안 개구리가 바다에 대해 모르는 것은 사는 곳에 구속된 까닭이며, 여름 벌레가 얼음을 모르는 것은 한 계절에 고정되어 산 까닭이다. 비뚤어진 선비가 도에 대해서 모르는 것은 세속적인 가르침에 구속되어 있기 때문이다. 그대는 좁은 개울에서 나와 큰 바다를 보고서야 자신이 보잘것없는 존재라는 것을 알았으니, 이제 그대와 함께 천하의 진리를 논할 만하다."

보잘것없는 식견을 가진 사람도 더 나은 것을 받아들일 자세를 갖춘다면 얼마든지 바다처럼 넓은 식견을 기를 수 있다.

《후한서》〈마원열전〉에 보면 다음과 같은 이야기가 나온다.

왕망이 전한을 멸망시키고 세운 신나라에 마원이란 자가 있었다. 마원은 관리가 된 세 형과는 달리 고향에서 조상의 묘를 지키다가 감숙성에 있는 외효의 밑으로 들어갔다. 당시 공손술은 촉에서 스스로 황제라 칭하고 있었다. 외효는 마원을 보내어 공손술에 대해 알아보라고 했다. 마원은 공손술과 같은 고향이어서 공손술이 반갑게 맞아 주리라 생각했다. 그러나 공손술은 무장한 군사들을 죽 늘어놓고 서둘러 마원을 불러들였다. 공손술은 마원을 후에 봉하고 대장군의 직위를 내리려 했다. 마원은 잠시 생각했다.

'천하의 자웅은 아직도 결정되지 않았다. 공순술은 예를 다하여 함께 일을 도모하지 않고 오히려 자기 신변만 꾸미는구나. 이런 자가 어찌 천하의 인재를 오래 두랴.'

마원은 돌아와서 외효에게 말했다.

"공손술은 우물 안 개구리에 지나지 않습니다."

외효는 공손술과 함께할 생각을 버리고 훗날 후한을 세운 광무제와 친밀하게 지냈다.

084

낮에는 밭을 갈고 밤에는 책을 읽다

주경야독
晝耕夜讀

낮주 밭갈경 밤야 읽을독

바쁘고 어려운 가운데서도
공부를 게을리하지 않음을 뜻한다.

출전《위서魏書》〈최광열전崔光列傳〉

현대 사회는 변화의 속도가 매우 빠르다. 어제와 오늘이 다르고, 오늘이 지나면 이미 낡은 것이 되고 만다. 빠른 변화의 속도는 어느 특정 분야만이 아니라 다양한 분야에서 나타난다. 삶의 속도가 그만큼 빨라졌다. 뒤처지지 않고 자신이 지향하는 삶을 살아가려면 빠른 속도에 맞춰야 한다.

빠른 속도에 적응하여 새로운 변화를 수용하는 방법은 공부이다. 서점에는 각 분야의 책들이 산더미처럼 쌓여 있고, 각 분야의 전문가가 진행하는 강좌들이 여러 곳에 널려 있다. 그중 때와 장소를 가리지 않고 큰돈도 들이지 않으면서 쉽게 할 수 있는 공부가 독서이다. 독서는 마음만 먹으면 언제든지 가능하다. 다만 의지가 없어서 안 할 뿐이다.

급물살처럼 빠르게 변화하는 사회에서 의미 있는 삶을 추구하려면 변화에 끌려가지 않아야 한다. 아니, 변화를 리드해야 한다. 한번 끌려가면 언제나 끌려간다. 변화에 끌려가지 않고 리드하겠다는 의지와 신념을 가져야 변화에 끌려가지 않겠다는 확고한 의지와 신념을 갖고 공부한다면 변화를 리드하는 삶, 자신이 지향하는 삶을 살게 된다.

삶에 있어서 모든 문제는 자신에게 있다. 문제를 해결하는 사람 역시 자신이다. 아무리 바빠도 틈을 내서 책을 읽어야 한다. 변화에 뒤처지지 않고 앞서가는 가장 최선의 방법이다.

최광은 북위 때 사람으로 본래 이름은 효백이다. 광이라는 이름은 효문제가 내렸다. 그는 집이 가난했지만 학문을 좋아하여 낮에는 밭을 갈고 밤에는 책을 읽었다. 그는 다른 사람에게 글을 필사해 주는 일도 하여 부모를 봉양하였다. 어려운 가운데서도 학문에 정진하여 벼슬길에 올랐다. 그 후 태자태부가 되었고, 개국 공신에 봉해졌다. 효문제는 '효백의 재주는 황하가 동쪽으로 흐르는 것처럼 넓고 넓다'며 효백의 학문이 뛰어나다고 말했다.

사람은 어떤 환경에서도 적응하는 동물이다. 아무리 집이 가난해도 공부에 대한 강한 신념과 의지가 있다면 비록 낮에 밭을 갈지언정 밤에는 책을 읽을 수 있다. 환경이 좋아도 신념과 의지가 없다면 공부를 하지 않는다. 공부는 아무도 대신 해 줄 수 없다.

공부의 필요성이 점점 더 부각되는 시대이다. 이제 책을 읽는 시간을 갖지 않는다면 스스로를 방치하는 것이다. 책은 사람을 가리지 않는다. 책은 만인의 연인이기를 원한다. 책을 사랑하고 공부를 즐기는 삶을 살아야겠다.

085 말을 타고 달리면서 산을 보다

주마간산
走馬看山

달릴 **주** 말 **마** 볼 **간** 메 **산**

사물을 자세히 살펴보지 않고
겉만 대충 보는 것을 이르는 말이다.

출전 맹교孟郊의 시 〈등과후登科後〉

일을 처리하는 방식을 보면 됨됨이와 성격을 알 수 있다. 성격이 꼼꼼한 사람은 공부를 하든 일을 하든 대충 하는 법이 없다. 하나를 하더라도 세심하게 살펴 제대로 한다. 이런 사람은 무엇을 맡겨도 믿음이 가고, 어디를 가더라도 환영받는다.

대충 하는 사람은 무엇을 하든 제대로 하는 것이 없다. 무슨 일을 맡기려 해도 미심쩍다. 그러다 보니 어디를 가든 빈축을 사기 일쑤다.

자신의 목적을 이루기 위해서라도, 타인의 인정을 받기 위해서라도 대충대충 하는 것은 절대 금물이다. 자신을 무능력자로 깎아내리는 비효율적인 행동이어서 아니함만 못하다.

"지난날 가난할 때는 자랑할 바가 없더니 / 오늘 아침에는 우쭐하여 생각에 끝이 없어라. / 봄바람에 뜻을 얻어 빠르게 말을 모니 / 오늘 하루 만에 장안의 꽃을 다 보았네."

당나라 시인 맹교가 지은 〈등과후〉라는 시이다. 맹교는 벼슬을 하지 않고 시나 지으면서 청렴하게 살았다. 그러다 어머니의 뜻을 받들어 마흔한 살이라는 늦은 나이에 과거를 치르렀다. 기대와는 달리 과거에 떨어졌다가 5년 후인 마흔여섯 살에야 가까스로 합격하였다.

〈등과후〉는 보잘것없던 때와 과거에 급제한 후의 달라진 세상인심을 풍자한 시이다. 이 시에서 '주마간화走馬看花'가 유래했다. 달리는 말에서 꽃을 본다는 의미는 하루 만에 장안의 좋은 것을 모두 보았다는 뜻이다.

주마간산은 주마간화에서 유래한 말로, '말을 타고 달리면서 산을 바라본다'는 뜻이다. 주마간화의 원래 뜻이 바뀌어, 세심하게 살펴볼 틈도 없이 대충대충 훑어보고 지나친다는 부정적인 의미가 되었다.

시인 맹교가 본인의 의지가 아닌 어머니의 바람을 위해 과거를 보았다니, 그다지 열심히 공부하지 않은 것 같다는 생각이 든다. 자신의 평소 의지와는 매우 상반되기 때문이다. 그는 과거에 낙방하여 조롱거리가 되고 수치스러움을 겪었다. 심정이 어떠했으리라는 것은 그가 5년 후 과거에 급제한 후 읊은 시에서 충분히 이해가 된다. 자신의 명예와 어머니의 소원을 위해서라도 반드시 과거에 급제하기를 바라고 열심히 과거 공부에 전념했을 것이다.

자신이 바라는 결과를 얻기 위해서는 세심하게 잘 살펴 실수를 줄이고 최선을 다해야 한다. 그것이 스스로를 축복되게 하는 방법이다.

086 천 년에 한 번 오는 기회

천재일우
千 載 一 遇

일천 **천** 실을 **재** 한 **일** 만날 **우**

좀처럼 만나기 어려운
좋은 기회를 이르는 말이다.

출전 《문선文選》 〈삼국명신서찬三國名臣序贊〉

기회는 어떻게 오는가. 기회는 잡기 위해 노력하는 자에게 오는 삶의 선물이다. 기회를 잡기 위해 애쓰는 자에게 더 많은 기회가 손을 잡아 준다. 기회가 기회를 만드는 법이다. 이치가 이러함에도 기회를 잡으려고 노력도 하지 않은 채 자신을 외면한다고 투덜대는 이들이 많다. 기회가 자신을 피해 간다며 삶에 대한 불평이 이만저만이 아니다. 모든 문제는 자신에게 있는데도 아내를 탓하고, 남편을 탓하고, 부모를 탓하고, 형제를 탓하고, 친구를 탓하고, 직장 동료를 탓하고, 주변 사람을 탓한다.

참으로 유치하고 고루한 발상이다. 마음 자세를 고치지 않는다면 기회에게 영원히 외면당할 것이다. 마음을 돌이켜 기회를 잡기 위해 노력한다면 반드시 기회가 찾아와 손을 잡아 준다. 노력의 정도에 따라 뜻하지 않은 놀라운 기회가 찾아와 지금과는 전혀 다른 인생으로 만들어 줄지도 모른다.

원굉은 동진의 학자로 문장이 아주 뛰어났다. 원굉은 삼국 시대의 건국 명신 스무 명을 찬양한 글을 남겼는데, 이른바 〈삼국명신서찬〉이다. 그중 위나라의 순욱에 대한 글에서 어진 임금과 훌륭한 신하가 서로 만나기 쉽지 않음을 다음과 같이 썼다.

"백락을 만나지 못하면 천 년이 지나도 천리마는 한 마리도 나오지 못한다. 만 년에 한 번의 기회는 삶이 통하는 길이며, 천 년에 한 번 만남은 현명한 군주와 지모가 뛰어난 신하의 아름다운 만남이다. 만나면 기뻐하지 않을 수 없으며, 잃으면 어찌 개탄하지 않겠는가."

백락은 주나라 시대에 말을 잘 감별했다는 명인을 말한다.

순욱은 영천 사람으로 동탁은 그를 황보현의 수령으로 임명하였다. 순욱은 벼슬을 내려놓고 고향으로 돌아갔다가 가족과 함께 기주로 갔다. 원소가 기주목으로 있었다. 순욱의 명성을 익히 알고 있던 원소는 극진이 예우하였다. 순욱은 원소가 자신이 의지할 만한 인물이 되지 못한다고 여겨 마음으로부터 지워 버렸다.

원소 곁을 떠난 순욱이 스스로 조조를 찾아갔다. 조조는 반가이 순욱을 맞이하였다. 순욱은 조조를 위해 평생을 헌신하였으나, 조조가 스스로 위나라의 왕이 되자 이를 반대하여 조조의 분노를 샀고 자결하였다. 조조는 경후라는 시호를 내려 평생 자신을 위해 헌신한 순욱을 기렸다.

순욱과 조조의 만남은 가히 천재일우라 할 만하다. 끝이 좋지는 않았지만 그 또한 둘의 운명이니 어찌할 것인가. 서로에게 빛과 소금이 되는 소중한 만남의 기회를 갖도록 최선을 다해야 할 것이다.

087

일곱 번 놓아 주고 일곱 번 사로잡다

칠종칠금

七縱七擒

일곱 **칠** 놓을 **종** 일곱 **칠** 사로잡을 **금**

상대방을 자기 마음대로
취락펴락하는 것을 이르는 말이다.

출전 《삼국지三國志》〈제갈량전諸葛亮傳〉

상대방이 뛰어난 능력을 가져 자기편으로 끌어들이고 싶으면 여러 가지 방법을 활용해야 한다. 첫째는 물질과 자리를 보존하여 주는 방법이다. 둘째는 우호적인 인간관계를 통해 끌어들이는 방법이다. 셋째는 힘으로 제압하여 복종시킴으로써 끌어들이는 방법이다.

상대방의 환심을 사는 방법이 가장 자연스럽지만, 사람에 따라 다르다. 앞에서 말한 세 가지 방법 중에 상대에게 맞는 방법을 활용한다면 충분히 상대를 자기편으로 만들 수 있다. 물론 세 가지 방법 모두 과정은 쉽지 않다. 능력이 출중하여 가벼이 움직이지 않으려고 하기 때문이다. 그런 만큼 많은 공을 들여야 한다.

'칠종칠금'은 제갈량의 일화에서 비롯되었다. 고도의 전략으로 상대방을 자신의 수하로 끌어들인 제갈량의 지혜는 놀랍기 그지없다. 왜 그가 책사 중의 책사며 현명한 지략가인지 알게 한다.

제갈량이 북쪽의 위나라 정벌을 계획하고 있었다. 그때 남만의 맹획이 반란을 일으켰다. 제갈량은 먼저 배후를 평정하기 위해 맹획을 정벌하기로 했다.

제갈량은 대군을 통솔하여 남만으로 향했다. 제갈량이 맹획을 붙잡아 촉나라 군대를 살펴보게 하고는 물었다.

"우리 군이 어떠한가?"

맹획이 대답했다,

"비록 촉군의 허실을 몰라 패했으나, 지금 살펴보았으니 쉽게 이기겠소."

제갈량이 웃으며 맹획을 풀어 주자 다시 덤벼들었다. 제갈량은 맹획을 일곱 번 풀어 주고 일곱 번 사로잡았다. 제갈량이

다시 보내 주려 하자 맹획이 말했다.

"공은 하늘의 위엄을 지닌 분입니다. 우리 남인들은 다시 배반하지 않겠습니다."

제갈량의 칠종칠금은 상대의 마음을 사로잡아 자기편으로 이끄는 고도의 전략이었다.

088 한 치의 쇠붙이로 사람을 죽이다

촌철살인
寸鐵殺人

마디 **촌** 쇠 **철** 죽일 **살** 사람 **인**

짤막한 경구나 말로 사람을 감동시키거나, 말의 핵심을 찌르는 것을 이른다.

출전 나대경羅大經의 《학림옥로鶴林玉露》

같은 말을 해도 화법에 따라 상대에게 미치는 여파가 상당히 차이가 난다. 상대에게 논지를 정확하게 제시하지 못하면 전혀 공감을 얻지 못한다. 논지가 분명하지 않으면 상대방을 설득하지 못하는 것이다. 논지가 분명하고 논리적이면 상대는 공감되어 따르게 된다. 논지가 분명하고 논리가 정연하면 설득당하는 것이다.

상대의 가슴에 콕 박히는 날카롭고 예리한 말이나 단어는 힘이 세다. 정수리에 침을 놓듯이 따끔한 '정문일침頂門一鍼'이요, '촌철살인'이다.

남송 시대 학자 나대경이 지은《학림옥로》에 보면 종고 선사가 선禪에 대해 말한 기록이 있다.

"한 수레의 무기를 가득 싣고 와도 온전히 사람을 죽이지는 못한다. 나는 단지 손가락만 한 쇠붙이로도 사람을 죽일 수 있다."

사람을 죽이기 위해서는 한 수레의 무기가 필요치 않다. 손가락만 한 쇠붙이만으로도 충분하다는 뜻이다. 여기서 살인이란 실제로 사람을 죽인다기보다 마음속의 속된 생각을 없애는 것을 의미한다. 그러니까 촌철살인이란 선의 핵심을 말하는 바, 마음속에 잡된 생각을 없애 깨달음에 이르는 것이다.

정신을 집중하면 못 이룰 것이 없다는 '정신일도 하사불성'이라는 말이 있다. 정신을 집중하여 수양하면 비록 작은 터득이라 할지라도 사물을 변화시키고 사람을 감동시킨다.

당 태종의 책사인 위징은 물처럼 풀처럼 부드럽지만, 대나무처럼 강직한 성품을 지녔다. 때론 너무 강해서 주변 사람들이 보기에 위태로울 지경이었다. 그는 자신이 옳다고 믿는 대로 간언하였다. 한마디로 거칠 것이 없고, 스스로에게 정직하고 강직한 인물이었다.

위징은 사람의 가슴을 뒤흔드는 촌철살인의 화법으로 유명하다. 그는 상대가 태종이라 할지라도 잘못에 대해서는 촌철살인의 거침없는 말도 마다하지 않았다. 거침없는 언행에 화가 난 태종은 그를 처단하려고까지 했을 정도다. 결국 태종은 그렇게 하지 못했다. 위징만큼 자신에게 필요한 인물이 없다는 사실을 알았던 것이다. 태종은 자신이 하고 싶은 것도 위징이 두려워 하지 못했다고 고백하기도 했다. 촌철살인의 위력을 잘 알게 하는 예라고 하겠다.

089

잘 드는 칼로 헝클어진 삼을 자르다

쾌도난마
快刀亂麻

쾌할 **쾌** 칼 **도** 어지러울 **난** 삼 **마**

얽히고설킨 문제를 명쾌하게 처리함을 비유하여 이르는 말이다.

출전 《북제서北齊書》 〈문선고양文宣高洋〉

살다 보면 일이 잘 풀리기도 하고, 실타래 얽히듯 꼬이기도 한다. 일이 잘되면 만족감과 함께 하늘을 날듯 무한한 기쁨에 사로잡힌다. 어떤 일도 잘해 낼 자신감으로 충만해진다. 일이 꼬여 뜻대로 되지 않으면 실망감과 함께 자신감을 잃는다. 어떤 일도 자신감 있게 시도하지 못하고 망설이게 된다.

삶이 언제나 긍정적이고 발전 지향적으로 일정하게 흘러가면 좋겠으나 항상 변수가 따른다. 잘되어 나가면 그저 감사할 따름이지만, 그렇지 않으면 무엇이 문제인지 원인부터 철저하게 찾아내 해결해야 한다. 해결이 되지 않은 상태에서 긍정적인 결과를 얻기란 힘들다. 같은 상황에 놓여도 문제를 해결하는 능력이 좋은 사람이 결국은 승리의 트로피를 거머쥐는 것이다.

문제를 해결하는 방법은 사람에 따라 다르다. 성격이나 학식, 판단 능력, 과단성, 일 처리에 대한 경험 등에 따라 해결 방법이 다양하게 표출된다. 문제 해결 능력이 얽히고설킨 난제를 푸는 관건이 된다.

남북조 시대의 위나라 효정제 때 승상으로 있던 고환에게는 아들이 여럿 있었다. 어느 날 고환은 아들들의 지혜와 재능을 알아보기 위해 시험을 해보고 싶은 마음에 모두 불러 모았다.

"자, 여기 삼이 있다. 재주껏 한번 추려 보거라!"

고환은 이리저리 얽힌 삼을 한 줌씩 주며 말했다. 아들들은 느닷없는 아버지 말에 당황스럽기도 했지만, 모두들 얽힌 삼을 한 가닥씩 추려 내기 시작했다. 고환은 그 모습을 물끄러미 바라보았다. 문득 고양이라는 아들이 다른 형제와는 달리 날카로운 칼로 얽힌 삼 가닥을 단숨에 잘라 버렸다. 고양은 아버지에게 다 추렸다고 말했다. 고환은 잘린 삼을 보고 고양에게 물었다.

"너는 어째서 삼을 잘랐느냐?"

"헝클어진 것은 잘라 버려야 합니다."

고환은 놀라워하면서 고양이 장차 크게 되리라고 생각하였다. 훗날 고양은 효정제의 제위를 빼앗고 황제가 되었다. 고양이 세운 나라는 북제였으며, 그는 북제의 문선제文宣帝가 되었다.

다른 아들들은 얽힌 삼을 한 가닥씩 뽑아 정리하는 방법만 생각했다. 고양과 같은 생각은 전혀 하지 못했다. 고양은 그들과는 전혀 다른 생각을 하여 크게 될 인물로 인정받았다.

같은 문제도 어떻게 해결하느냐에 따라 능력을 평가받는다. 자신에게 주어진 인생의 문제를 슬기롭게 풀어 가야만 윤택하게 살게 된다.

090

토끼 사냥이 끝나면 사냥개를 삶아 먹다

토사구팽
兎死拘烹

토끼 **토** 죽을 **사** 개 **구** 삶을 **팽**

쓸모가 있으면 요긴하게 쓰이나,
쓸모가 없어지면 내쳐짐을 의미한다.

출전 《사기史記》〈회음후열전淮陰後列傳〉

믿었던 사람에게 내쳐지는 만큼 배신감이 들고 허무한 것은 없다. 더구나 그를 위해 헌신한 경우라면 배신감에 더해 분노까지 든다. 신의를 저버리는 행위이며, 인간의 도리를 포기함과 다름없다.

신의를 배반하는 사례가 우리 사회 일각에서 심심찮게 일어난다. 특히 정치권에서 비일비재하다. 오늘은 아군이었다가 내쳐져 내일은 적이 되는 비합리적이고 비윤리적인 경우가 소위 국가와 국민을 위해서 일한다고 자부하는 사람들 세계에서 빈번하게 일어난다. 완전 난센스다.

재계에서도 흔히 볼 수 있다. 실적이 좋으면 승진에다 특별 보너스까지 두둑이 챙겨 주다가 실적이 나빠지면 언제 그랬느냐는 듯 옷을 벗기고 내친다. 실적 앞에는 인간의 도리와 윤리, 합리적인 사고, 상식이 무너지고 만다.

한나라 고조 유방은 장량, 소하와 함께 한나라 건국에 뛰어난 활약을 한 한신을 초왕에 책봉했다. 이듬해 항우 휘하의 맹장이었던 종리매가 한신에게 몸을 맡기고 있다는 사실을 유방이 알게 되었다. 유방은 곧 한신에게 종리매를 당장 잡아 보내라고 명령했다. 종리매와 오랜 친구였던 한신은 유방의 명을 어기고 종리매를 숨겨 주었다. 그러자 한신이 모반을 꾀하고 있다는 상소가 올라왔다. 진노한 유방은 참모 진평의 건의에 따라 제후들에게 명했다.

"제후들은 초의 땅 진에서 대기하다가 순행하는 나를 따르도록 하라."

유방의 명을 받은 한신은 위기를 느꼈지만, 큰일은 없으리라 믿고 유방의 순행에 동참하기로 했다. 한신은 우선 종리매에게 상황을 설명하였다. 한신의 말을 들은 종리매는 분노하였다.

"한나라가 초를 공격하지 않는 이유는 내가 당신 밑에 있기 때문이다. 나를 잡아 한나라에 충성하겠다면 당장이라도 죽어 주겠다. 내가 죽은 후 당신도 유방에게 죽고 말 것이다."

종리매가 스스로 목을 찔러 죽었다. 한신은 종리매의 목을 가지고 유방을 찾아갔다. 유방은 곧바로 병사들에게 잡혀 끌려갔다. 한신이 분개하며 말했다.

"재빠른 토끼를 잡고 나면 훌륭한 사냥개를 삶아 먹고, 높이 나는 새를 잡으면 활은 소용이 없다는 세상 사람들의 말이 맞구나. 적국을 격파하면 지모 많은 신하는 죽는다고 했던가."

유방은 천하의 인심이 두려워 한신을 죽이지는 않고, 회음후로 봉하여 주거를 장안으로 제한하였다.

091

대나무를 쪼개는 기세

파죽지세
破竹之勢

깨뜨릴 **파** 대 **죽** 갈 **지** 기세 **세**

세력이 강하여 적을 향해 거침없이 쳐들어가는 기세를 일러 하는 말이다.

출전 《진서晉書》〈양호두예열전羊祜杜預列傳〉

같은 출발 지점에서 똑같이 출발해도 어떤 사람은 죽죽 앞을 향해 나아가는 반면, 어떤 사람은 출발 지점을 벗어나 어느 정도까지는 무리 없이 가다가도 더 이상 가지 못하고 머뭇거린다. 또 다른 사람은 출발 지점을 벗어나지도 못하고 전전긍긍한다. 이런 현상이 일어나는 이유는 사람마다 다르게 일을 추진하는 방법과 자세에 있다. 무엇보다 자신의 의지와 신념에 가장 큰 영향을 받는다. 아무리 좋은 방법이나 자세도 의지와 신념이 약하다면 아무 소용이 없다.

원하는 것을 이루기 위해서는 거센 파도처럼 가로막는 어떠한 시련과 문제라도 강하게 밀어붙여야 한다. 강인한 의지와 발산개세의 강력함은 태산도 거침없이 밀어붙일 강한 에너지를 뿜어낸다.

위나라 사마염은 원제를 내쫓고 스스로 제위에 올라 국호를 진이라 하고 무제가 되었다. 이제 위나라, 촉나라, 오나라 삼국 가운데 남은 것은 오나라였다. 무제는 두예에게 오나라를 치게 하였다. 두예는 20만 대군을 거느리고 강릉으로 진격했으며, 왕준은 수군을 이끌고 장강을 거슬러 진격했다. 왕혼은 수도 건업으로 쳐들어갔다.

무창을 공략한 두예는 왕준과 합류하여 전열을 정비하고 향후 공격에 대해 회의를 열었다. 어느 장수가 말했다.

“곧 강물이 범람할 시기가 다가오고 언제 전염병이 발생할지 모릅니다. 일단 후퇴했다가 겨울에 다시 공격하면 어떻겠습니까?”

두예가 단호하게 말했다.

“지금 우리 군사들의 사기는 마치 쪼개지는 대나무의 기세와 같다. 몇 마디 쪼개지기만 하면 칼날을 대기만 해도 저절로 쪼개진다. 이런 기회를 어찌 버린단 말인가."

두예는 곧바로 군사를 재정비하여 오나라 도읍인 건업으로 쳐들어가 단숨에 함락시켜 버렸다.

두예와 어느 장수의 생각 차이를 크게 느끼게 된다. 장수의 말은 이론상으로는 맞다. 그러나 당시 군사들의 사기나 상황에 대한 판단이 미흡했다. 반면에 두예는 상황 판단이 정확했다. 대처하는 해결 방법도 능수능란하여 다른 장수들과는 확연히 달랐다. 두예처럼 자신 앞에 놓인 문제에 주눅 들지 말고 힘차게 밀고 나가는 힘을 길러야 한다.

092 한신이 엎드려 기다

한신포복
韓信匍匐
나라 **한** 믿을 **신** 길 **포** 길 **복**

큰 뜻을 가진 사람은 눈앞의 부끄러움을 참고 이겨 내야 함을 이르는 말이다.

출전 《사기史記》 〈회음후열전淮陰侯列傳〉

사람들은 비웃음거리가 되거나 굴욕을 당하면 견딜 수 없어 한다. 자신의 체면을 손상시켜 부끄럽기 때문이다. 그런데 큰 인물이 된 사람은 젊은 시절의 참을 수 없는 굴욕을 견뎌 내는 힘이 강했다.

흥선대원군은 왕족이었음에도 어린 시절에는 몹시 불우하였다. 12살에 어머니를 여의고, 17살에 아버지인 남연군이 세상을 떴다. 그는 서슬 퍼런 안동 김씨의 눈에서 벗어나기 위해 신분과는 어울리지 않는 행동을 일삼았다. 그도 그럴 것이 유력한 왕위 계승권자인 이하전이 안동 김씨에 의해 죽임을 당했다. 그 후 경평군 이호는 탐학을 구실로 유배형에 처해졌다.

안동 김씨의 탄압이 가중되자 흥선대원군은 더욱 몸을 낮추었다. 언제 자신에게도 굴욕적인 일이 닥칠지 몰랐다. 흥선대원군은 생계유지를 구실로 그림을 그려 반가에 팔았으며, 투전판이나 상갓집을 들락거리며 왈패들과 어울렸다. 상갓집 개라는 말을 들어도 개의치 않았다. 심지어 양반집 머슴에게 뺨을 얻어맞기까지 했다.

흥선대원군의 행동은 살아남아서 기회를 얻기 위한 고도의 인생 전략이었다. 그에게 마침내 기회가 왔다. 철종이 후사 없이 세상을 떠나자 그의 둘째 아들 이재황이 효명세자의 양자로 봉해졌다. 안동 김씨는 흥선대원군을 경계하여 반대하지 않았다. 드디어 이재황이 왕위에 올라 고종이 되었다. 흥선대원군은 와신상담 끝에 자신의 뜻을 이루고 당당히 역사에 기록되었다.

백범 김구도 젊은 시절에 뜻을 품고 청나라에 가는 도중 어떤 장거리에서 하룻밤을 묵다 칠십 노인 주정뱅이에게 까닭 없이 매를 맞았다. 억울하기도 했으나 큰 목적을 품고 먼 길을 가는 처지라 사소한 일에 마음 둘 바 아니라고 생각하며 스스로를 위로했다.

한신은 예전 초나라의 영토였던 회음의 평민 출신으로, 외모가 출중치 못하고 비천했다. 한신은 집이 가난하여 성 아래에서 낚시를 하고 살았다. 같은 마을에 한신을 업신여기는 소년이 있었다. 소년은 무리의 수자가 많음을 믿고 한신에게 말했다.

"너는 비록 키가 크고 칼을 차고 다니지만 속으로는 겁쟁이다. 네가 나를 죽일 용기가 있으면 나를 찌르고, 그렇지 않다면 가랑이 사이로 지나가라."

한신이 몸을 숙여 가랑이 밑으로 기어 나오자 저잣거리에 있던 사람들이 모두 겁쟁이라고 비웃었다.

홍선대원군과 김구, 한신처럼 원하는 것을 이루기 위해서는 어떤 일도 참고 견뎌야 한다. 비굴해서가 아니라 원대한 미래를 위한 포석인 만큼 부끄럽게 여길 필요가 없다.

093

빛을 부드럽게 하여 티끌과 함께하다

화광동진
和光同塵

화합할 **화** 빛 **광** 같을 **동** 티끌 **진**

덕과 지혜를 감추어 밖으로 드러내지 않으며 여러 사람과 어울림을 비유하는 말이다.

출전 《노자老子》

자신의 재능과 덕을 드러내기 위해 과장되게 부풀리는 사람이 있다. 반면 재능과 덕을 숨기거나 낮추고 자신보다 못한 사람들과 격의 없이 잘 어울리는 사람도 있다. 진정한 인격자는 자신의 덕과 재능을 안으로 숨기고 자신보다 못한 상대를 높여 준다. 자신을 상대보다 낮춰 겸손하게 대하며 함께 어울리기를 마다하지 않는다.

전국 시대 초기의 도가 철학자인 양주가 노자를 만나 함께 길을 걸었다. 문득 노자가 하늘을 바라보며 탄식하였다.

"처음에는 자네가 좋은 재목이라 생각했네. 이제 와 가만히 보니 그렇지가 않군."

양주는 아무 대답도 하지 않고 노자를 따라갔다. 여관에 도착하여 양주는 노자에게 절을 하고 무릎을 꿇었다.

"아까 선생께서는 저의 부족함을 탄식하셨습니다. 길을 가는 중이라 제가 감히 여쭙지 못했습니다. 이제 선생께서는 어느 정도 한가하시니 저의 부족함을 깨우쳐 주십시오."

노자가 말했다.

"자네가 길을 가는 모습을 보았네. 머리를 높이 들고 다른 사람은 안 보이는 듯 무척 거드름을 피우더군. 그런 자네의 모습을 보고 누가 같이 어울리려 하겠는가. 가장 깨끗한 것은 더러워 보이고, 큰 덕을 지닌 사람은 평범하게 보인다네."

양주는 엄숙한 표정으로 말했다.

"삼가 가르침을 깊이 받들겠습니다."

노자는 양주에게 뛰어난 지덕을 드러내지 않고 세상을 따라야 함을 지적했던 것이다.

다음은《노자》제4장에 나오는 대목이다.

"도는 빈 그릇과 같아서 아무리 써도 넘치지 않는다. 깊고 그

욱해서 마치 만물의 으뜸 같구나. 예리함을 꺾어 내고, 분쟁을 풀어내고, 빛을 부드럽게 하여 티끌과 함께하니 없으면서도 있는 듯하네. 도가 어디서 났는지 모르나, 신보다 먼저인 것만 같아라."

094

화합하나 줏대 없이 따르지 않다

화이부동
和而不同

화합할 **화** 어조사 **이** 아닐 **부** 같을 **동**

남과 사이좋게 어울리지만 줏대 없이 무턱대고 함께 어울리지 않음을 이르는 말이다.

출전 《논어論語》 〈자로子路〉

"군자君子 화이부동和而不同 소인小人 동이불화同而不和."

《논어》 〈자로〉에 나오는 이야기이다. 풀이하면 '군자는 조화로우면서도 함께하지 않고, 소인은 함께하지만 조화를 이루지 못한다'는 뜻이다. '화이부동'은 군자의 자세를 가져 만나는 사람들에게 필요한 이가 되는 귀한 덕목이다.

세상살이에 여러 문제가 생겨 복잡하고 골치가 아프지만, 가장 큰 난처함은 역시나 다른 사람과의 관계에서 온다. 사회생활을 하는 이상 어느 무리에든 속해 어울려야 하기 마련이다. 인간관계에는 정답이 없다지만, 기왕 무리에 속해 활동해야 한다면 군자의 태도를 본받는 것이 어떨까 싶다. 자칫 소인처럼 굴었다가는 무리에서 따돌려질 뿐만 아니라, 자신의 성장에도 도움이 되지 않는다.

군자란 무엇인가. 공자가 말하는 군자란 도덕성과 품격을 갖추고 지식과 예를 겸비하여 사람들에게 평안을 주는 실천적인 삶을 지향하는 사람이다. 공자와 제자 자로의 대화를 보자.

"선생님, 군자란 무엇입니까?"
"자기 수양을 하고 경건해야 하느니라."
"그렇게만 하면 되옵니까?"
"자기 수양을 하여 다른 사람을 평안하게 해주어야 하느니라."
"그렇게만 하면 되옵니까?"
"자기 수양을 하여 백성을 평안하게 해주어야 하느니라."

군자는 남의 칭찬과 비난에 연연하지 아니하며, 두루 남과 어울리며 편을 가르지 않고, 말보다는 행동을 앞세우고, 함께하되 부화뇌동하지 않는다. 소인은 도덕적으로 결함이 많고, 지식이 얕고, 예를 갖추지 않아 이기적이고 자기중심적이며,

어울리되 화합하지 못하는 자이다.

아무리 깊은 학식을 가지고 있고, 좋은 자리에 있고, 많은 부를 가지고 있더라도 도덕적으로 결함이 많고, 지식이 얕고, 예를 갖추지 않으면 소인일 뿐이다. 비록 배움이 적고, 가난하고, 지위가 낮아도 수양을 통해 높은 도덕성과 품격을 지니면 군자이다. 스스로 공부하여 지식과 예를 지니고 사람들에게 귀감이 되어 화평케 하는 사람이 군자인 것이다.

095 그림 속의 떡

화중지병
畵中之餠

그림**화** 가운데**중** 갈**지** 떡**병**

있으나 마나 한 것이나
가질 수 없는 것을 비유하는 말이다.

출전《삼국지三國志》〈환이진서위노전桓二陳徐衛盧傳〉

사람들은 크게 세 부류로 나뉜다. 첫째는 실속형 인간이다. 사실적이고 분명한 일에 자신의 열정과 노력을 쏟아붓는다. 그 결과는 실제적이면서도 확실하다. 둘째는 어중간한 인간이다. 자기 주관이 불분명하고 귀가 얇아 남의 말에 쏠리는 현상이 크다. 결과가 좋을 때도 있고, 나쁠 때도 있어 불확실성을 벗어나지 못한다. 세 번째는 비실속형 인간이다. 뜬구름 잡기의 고

수여서 하는 일마다 허황되고 비현실적이며 위태위태하다. 결과는 언제나 무로 끝나는 경우가 많다. 그런데도 미련을 버리지 못하고 아까운 시간을 낭비하며 세월을 축낸다.

가질 수 없는 것에 애착을 가지고 전전긍긍해 봤자 소용이 없다. 능력 밖의 일은 한시라도 빨리 포기하는 편이 자신이나 주변 사람들에게 피해를 주지 않는다.

위나라 사람 노식에게는 노육이라는 아들이 있었다. 노육은 열 살에 고아가 되었고 전쟁으로 두 형마저 잃었다. 원소와 공손찬이 싸울 때는 유주와 기주에 흉년이 들어 홀로된 형수와 조카들을 보살폈다. 학문이 높고 덕행도 뛰어나 널리 알려졌다. 명제는 그를 등용하여 시중, 이부상서, 중서랑 등의 요직에 임명하였다.

하루는 명제가 노육에게 말했다.

"인재를 얻고 못 얻음은 그대의 손에 달렸소. 명성만 높은 사람은 뽑지 마시오. 명성은 땅 위에 그려 놓은 떡과 같아서 먹을 수가 없소."

"명성만으로는 뛰어난 사람을 뽑기에 부족하지만, 평범한 선비는 얻을 수 있습니다. 평범한 선비는 가르침을 존경하고 선善을 흠모하고 찬양하여 명성을 얻습니다. 명성을 굳이 미워할 바는 아니옵니다. 예전에는 말로써 아뢰고 공적으로 뽑았습니다. 지금은 관리의 성적을 평가하지 못하고 비방과 칭찬이라는 평판으로 진퇴가 결정됩니다. 따라서 진짜와 가짜가 섞여 있으며, 허와 실을 가리기 어려운 상황입니다."

명제는 노육의 말을 듣고 관리의 성적을 평가하는 제도를 다시 시행했다고 한다.

명제는 명성이 단지 그림의 떡이라고 하며 실제적이지 않다고 강조하였다. 노육 역시 명성만으로는 뛰어난 사람을 뽑을 수 없지만, 그렇다고 무시할 것은 아니라고 했다. 아울러 관리의 성적을 평가하는 것이 가장 확실한 방법이라고 하였다. 시험은 명성과 실력을 파악할 가장 객관적인 방법이기 때문이다. 확고한 자신만의 삶을 살기 위해서는 허황된 생각에서 벗어나 실체적인 삶을 살아야 한다.

096

바다는 어떤 물이라도 받아들이다

해불양수
海不讓水

바다 **해** 아니 **불** 사양할 **양** 물 **수**

모든 사람을 포용하는
훌륭한 사람을 비유하여 이르는 말이다.

출전 《사기史記》 〈이사열전李斯列傳〉

대인을 다른 말로 큰 사람이라 한다. 마음이 넓고 도량이 깊어 사람을 편견 없이 대하고, 잘못한 일에도 관대하게 아량을 베풀 줄 아는 사람이다. 공자의 관점에서 본다면 군자라 할 수 있다. 물론 군자로 살려면 높은 수양을 쌓아야 한다. 군자까지는 아니더라도 대인과 같은 풍모를 갖춘다면 누구에게나 존경받는 삶을 살아갈 것이다.

초나라에 이사라는 자가 있었다. 춘추 전국 시대 진나라의 정치가인 순경으로부터 통치술을 배워 진나라로 갔다. 이사는 진나라의 재상 여불위의 가신이 되었다. 마침내 이사는 진나라 왕에게 신임을 받고 객경의 자리에 올랐다. 객경이란 다른 나라의 인사를 등용하여 직위를 주는 자리이다.

어느 날 한나라에서 온 정국이라는 치수 담당자가 운하를 건설하기로 했다. 진나라가 동쪽으로 정벌을 나가지 못하도록 인력과 비용을 소진시키려 한 것이다. 정국의 계획은 곧 발각되고 말았다. 그러자 다른 나라의 인사를 등용하는 제도를 시기하던 자들이 들고 일어나 축객령이 내려졌다. 이사가 그들과 반대되는 상소를 올렸는데, 다음은 핵심 내용이다.

"땅이 넓으면 곡식이 많게 되고, 나라가 크면 백성이 많으며, 군대가 강하면 병사가 용감해진다고 합니다. 태산은 적은 흙도 사양하지 않아 그리 커질 수 있었고, 강과 바다는 냇가의 물줄기라도 가리지 않아 그리 깊어질 수 있었습니다. 왕이라면 어떤 백성이라도 물리치지 않아야 덕망을 능히 밝힐 수 있습니다."

진나라 왕은 이사의 상소를 보고 축출 명령을 취소하였다.

사람들은 저마다 그릇이 다르다. 속이 넓은 사람이 있는가 하면, 밴댕이 같은 사람도 있다. 정직하고 강직한 사람이 있는가 하면, 자기의 이익을 위해 권모술수에 능한 사람도 있다. 능력이 출중한 사람이 있는가 하면, 한참 미치지 못하는 사람도 있다. 어떠한 사람이든 모두 품어 격려하고 다독일 줄 아는 사람이 해불양수와 같은 사람이다.

097

개똥벌레와 눈으로 이룬 공

형설지공
螢雪之功

개똥벌레 **형** 눈 **설** 갈 **지** 공 **공**

어려운 여건 속에서도 부지런히 학문을 닦고 노력하는 것을 비유하여 이르는 말이다.

출전 《진서晉書》 〈차윤열전車胤列傳〉

성공적인 삶을 살았던 사람이나 살고 있는 사람 중에는 좋은 환경 속에서 꿈을 이룬 이들도 있지만, 가난하고 어려운 여건 속에서도 굴하지 않고 노력 끝에 꿈을 이룬 이도 많다. 금수저, 은수저, 동수저, 흙수저라며 이른바 수저 계급론이 우리 사회를 뜨겁게 달구고 있는 지금, 어려운 환경 속에서도 꿈을 이루고 성공적인 인생을 산 사람들을 말한다는 것이 어쩌면 공감대가 떨어지지는 않을까. 그래도 지금껏 살아오는 동안 느끼고 경험한 바에 비추어 본다면 환경 탓만 하기에는 비굴한 변명 같다는 생각이 든다. 자신의 부족한 노력과 열정을 사회 현상에 기대 상쇄시키려는 느낌이 든다.

물론 좋은 환경을 아들딸에게 만들어 줄 수 있다면 얼마나 좋을까. 힘들어도 해야 한다. 주저앉아 버리면 일어서기가 매우 힘들다. 아파도 내 인생, 슬퍼도 내 인생, 고달파도 내 인생, 외로워도 내 인생이다. 결국은 내가 해결해야 한다.

진나라 효무제 때 차윤이라는 이가 있었다. 그는 어려서부터 성실하고 학문에 뜻이 많았다. 하지만 집안이 워낙 가난하여 낮에는 열심히 일을 하여 생활비를 벌고, 밤에는 기름 살 돈이 없어 개똥벌레를 잡아 명주 주머니에 넣어 빛으로 삼고 공부하였다. 각고면려하며 공부한 끝에 훗날 벼슬이 상서랑까지 이르렀다.

같은 시대에 손강이란 이가 있었다. 역시 어려서부터 학문에 대한 열정이 대단하였으나, 집이 가난하여 기름 살 돈이 없었다. 그는 겨울이 되면 창가에 앉아 밖에 쌓인 눈에서 반사되는 빛을 등불 삼아 공부하였다. 손강은 훗날 어사대부가 되었다.

당나라의 이한李瀚이 지은《몽구蒙求》와《진서》〈차윤전〉에 나오는 이야기다. 차윤과 손강은 가난하고 척박한 환경 속에서도 굴하지 않고 피나는 노력 끝에 성공하였다. 어떤 환경도 불굴의 의지와 신념을 가진 자에게는 손을 들게 된다.

동서고금을 막론하고 어려운 환경 속에서도 꿋꿋하게 자신의 길을 걸어갔던 수많은 이들의 공통점이 있다. 첫째, 자신에게 주어진 환경을 탓하지 않았다. 둘째, 강철 같은 의지와 신념으로 무장하였다. 셋째, 어떠한 것에도 꺾이지 않는 정신을 지녔다. 넷째, 청렴하고 결백했다. 다섯째, 남을 탓하지 않고 모든 것을 자신에게 돌렸다. 여섯째, 실패를 두려워하지 않았다.

현실은 지난날과 다르다고 말하는 사람도 있다. 진리는 변하지 않는다. 노력하는 자에게는 반드시 원하는 길이 열린다.

098

여우가 호랑이의 위세를 빌리다

호가호위
狐假虎威

여우**호** 거짓**가** 범**호** 위엄**위**

남의 권세를 등에 업고 위세 부리는 사람을 비유하는 말이다.

출전 《전국책戰國策》 〈초책楚策〉

허세와 허풍으로 자신을 포장하는 사람이 있다. 대개 자신감이 없고 능력도 없어서 사기성이 농후하다. 남 앞에 나서기를 좋아하고, 자신을 드러내고 싶은 욕망으로 가득 차 있다. 남의 힘을 빌려서라도 자신이 추구하는 것을 이루고 싶어 한다. 그리고는 마치 자신의 실력과 노력으로 이룬 양 거드름을 피우고, 방자함이 하늘 높은 줄 모른다. 빈 수레가 요란하다는 말은 이런 사람을 두고 하는 말이다. 자신을 포장하는 사람들은 오래가지 못한다. 진리는 언제나 원점으로 돌아가는 법이다. 모든 것이 허위와 허세라는 것을 스스로 드러내고 만다.

날마다 신문 지면을 장식하는 단골 주제는 부정과 비리이다. 고위 공직자가 아들과 딸을 취업시키기 위해 직위를 이용하는 정도는 다반사다. 심지어 권력자의 이름을 팔아 청탁해 주는 조건으로 돈을 착복하는 경우가 비일비재하다. 힘 있는 자에게 빌붙어 자신을 드러내는 썩어 빠진 생각으로 가득 차 있는 사람의 말로는 늘 처절하다.

전국 시대 초기 초나라 선왕 때의 일이다. 어느 날 선왕은 위나라 사신으로 왔다가 신하가 된 강을에게 물었다.

"위나라를 비롯한 북방 나라들이 우리나라의 재상 소해휼을 두려워하고 있다는데, 그것이 사실인가?"

강을이 말했다.

"아닙니다. 북방 나라들이 어찌 재상에 불과한 소해휼을 두려워하겠습니까? 혹시 호가호위라는 말을 알고 계십니까?"

"아니, 모르네."

"호랑이한테 잡아먹히게 된 여우가 이렇게 말했습니다. '나를 모든 짐승의 우두머리로 정하신 천제의 명이 있었다. 네가 지금 나를 잡아먹으면 천제의 명을 어겨 천벌을 받는다. 만약

내 말을 못 믿겠으면 당장 내 뒤를 따라와 보라. 나를 보고 달아나지 않는 짐승은 단 한 마리도 없을 것이다.' 그래서 호랑이가 여우를 따라갔는데, 과연 여우의 말대로 만나는 짐승마다 혼비백산하여 달아났습니다. 사실 짐승들이 달아난 이유는 여우 뒤에 있는 호랑이 때문입니다. 호랑이만 그 사실을 전혀 깨닫지 못했다고 합니다. 소해휼의 경우도 마찬가지입니다. 지금 북방 나라들은 소해휼을 두려워하는 것이 아닙니다. 그의 배후에 있는 초나라의 군세를 두려워하는 것입니다."

여우는 호랑이의 위세를 빌려 자신이 강한 동물인 척 허세를 부리는 것이다. 힘 있는 자에게 빌붙어 자신의 뜻을 이루려는 사람은 호가호위의 전형이라고 하겠다.

099

천지간에 가득 찬 넓고도 큰 원기

호연지기
浩然之氣

넓을 **호** 그러할 **연** 갈 **지** 기운 **기**

무엇에도 구애받지 않아 자유롭고,
조금의 부끄러움도 없는 용기를
이르는 말이다.

출전 《맹자孟子》 〈공손추公孫丑〉

선비 정신이란 절개와 의리를 소중히 하며, 청렴결백하여 하늘과 땅을 우러러 부끄러움이 없는 마음을 말한다. 이런 정신으로 무장한 사람을 선비라고 한다. 선비는 성품이 곧고 강직하며, 옳고 그름을 분명히 한다. 옳은 것은 목숨을 걸고 지향하되, 옳지 않은 것에는 단호하다. 또한 선비는 학문을 즐기며 안빈낙도하는 삶을 추구하였다.

선비는 학문을 통해 자신만의 사상과 철학을 세우고, 몸과 마음을 수양하기를 게을리하지 않는다. 하늘의 기운과 땅의 기운을 받아 원기가 왕성하며, 굳건한 정신을 간직한다. 따라서 선비는 마음의 뿌리가 탄탄하고 경거망동하지 않는다.

초야에 묻혀 지내기를 즐기는 선비도 있지만, 조정에 출사해서 나라와 백성을 위해 드높은 기상을 품고 헌신한 선비도 있었다. 무신 중에도 드높은 기상과 강직하고 곧은 성품으로 나라와 백성을 위해 몸과 마음을 바친 사람이 적지 않다. 이처럼 강직한 절의를 가질 수 있었던 것은 어린 시절부터 호연지기를 길러 몸과 마음을 강하게 단련했기 때문이다.

제자 공손추가 맹자에게 물었다.

"선생님께서 제나라의 재상이 되시어 도를 행하신다면 분명 제나라가 천하의 패자가 될 것입니다. 그럴 경우를 생각하면 선생님께서도 역시 마음이 움직이시겠지요?"

맹자가 말했다.

"그렇지 않다. 나는 마흔 이후로는 마음을 움직이지 않았다."

이후 맹자와 공손추는 움직이지 않는 마음에 관해 문답을 주고받았다. 특히 고자의 주장과 다른 점을 논한다. 고자는 '사람의 본성은 원래 선하지도 악하지도 않다'며 맹자의 성선설을 반박한 제나라의 사상가이다. 이어서 공손추가 다시 물었다.

"감히 묻겠습니다. 선생님은 어떤 점이 뛰어나십니까?"

"나는 말을 잘 이해하며, 호연지기를 잘 기른다."

"호연지기란 무엇입니까?"

"말하기가 어렵다. 호연지기는 지극히 크고 강하다. 곧게 길러 해함이 없으면 하늘과 땅 사이에 가득 찬다. 그 기운은 의義와 도道와 함께 길러지니, 이것이 없으면 시들어 버린다."

호연지기는 맹자가 공손추에게 한 말에서 유래되었다. 누구나 몸과 마음을 굳건히 하여 꾸준히 수양을 쌓으면 호연지기를 기를 수 있다.

100

뼈를 바꾸고 태를 벗기다

환골탈태
換骨奪胎

바꿀 **환** 뼈 **골** 빼앗을 **탈** 아이 밸 **태**

얼굴이나 모습이 몰라볼 정도로 아름다워지거나, 시나 문장이 남의 손을 거쳐 완전히 새롭게 거듭남을 말한다.

출전《냉재야화冷齋夜話》

문단에서 가끔씩 표절로 문제가 제기되곤 한다. 고대 그리스 철학자 아리스토텔레스는《시학》에서 '시는 율어에 의한 모방이다'고 말했다. 모든 예술은 모방에 의해 창조된다는 말도 있다. 다만 분명히 할 것은 모방으로 끝나서는 안 된다는 점이다. 그것은 곧 표절을 의미하기 때문이다.

시나 소설에서 일부 표현이나 문장을 토대로 작품을 썼다면 그와는 완전히 다른 표현이나 문장으로 표현해야 한다. 자신만의 표현과 문장을 재생산해 내는 것이다. 말하자면 재창조가 이뤄져야 한다. 그렇지 않으면 누가 봐도 베낀 흔적이 역력히 드러난다.

모방을 통해 새롭게 재생산된 작품이 원작보다 도드라진 경우도 있다. 미국의 대표적인 소설 작가인 레이먼드 카버와 편집자 고든 리시와의 관계는 매우 독특하다. 작가와 편집자는 수어지교와 같은 사이로 서로에게 매우 중요한 관계이다. 카버의 소설집 《사랑을 말할 때 우리가 이야기하는 것》을 편집한 고든 리시는 카버의 작품을 대폭적으로 손질한 것으로 유명하다. 일부 작품의 제목을 바꾸기도 하고, 등장인물의 이름을 바꾸기도 했다. 거의 모든 작품의 끝부분을 바꾸거나 잘라 내기도 했다. 심지어 전체 분량의 70퍼센트를 잘라 낸 작품도 있었다.

카버는 새롭게 편집된 작품을 보고 망연자실한 표정으로 당황했지만, 소설이 나오고 나서 반응은 뜨거웠다. 카버는 미국의 단편 작가로 일약 주목받기 시작했다. 마침내 카버는 20세기 후반 미국을 대표하는 단편 작가로 우뚝 섰다.

카버의 경우는 모방이 아니다. 카버의 작품을 바탕으로 편집자 고든 리시가 대폭 수정한 원고가 큰 반향을 불러일으켰다. 작품이 완전히 새롭게 탈바꿈한 경우이다. 이럴 때 합당한 고사 성어가 '환골탈태'다.

소동파와 함께 북송을 대표하는 시인 황정견은 이렇게 말했다.

"시의 뜻은 끝이 없지만 사람의 재주는 한계가 있다. 한계가 있는 재주로 끝없는 뜻을 좇기란 도연명이나 두보라 해도 어렵다. 뜻을 바꾸지 않고 단어를 바꾸는 것을 환골법이라 하고, 뜻을 따라서 표현하는 것을 탈태법이라고 한다."

환골이란 본래 도가에서 영단을 먹어 일반 사람의 뼈를 선골로 만드는 것이다. 탈태는 어머니의 태내에 아기가 있는 것처럼 시인의 시상을 태로 삼아 시적 성취를 이루는 것이다.

황정견이 소동파와 자웅을 겨루는 시인이 된 것은 독자적인 자신만의 시적 성취에 있었다. 황정견의 말에서 유래한 것이 환골탈태다.

고전 명언의 넓고 깊은 생각

초판 1쇄 인쇄 2016년 3월 30일
초판 1쇄 발행 2016년 4월 6일

지은이 김옥림

펴낸이 박세현
펴낸곳 팬덤북스

기획위원 김정대 · 김종선 · 김옥림
영업 전창열
편집 김종훈 · 이선희
디자인 강진영

주소 (우)03966 서울시 마포구 성산로 144 교홍빌딩 305호
전화 070-8821-4312 | **팩스** 02-6008-4318
이메일 fandombooks@naver.com
블로그 http://blog.naver.com/fandombooks

등록번호 제25100-2010-154호

ISBN 979-11-86404-49-2 03320